リーダーにとって大切なことは、すべて課長時代に学べる

はじめて部下を持った君に贈る62の言葉

酒巻　久

朝日文庫

本書は二〇一二年五月、小社より刊行されたものです。

はじめに

課長は、会社を引っ張るリーダーの入口であると同時に、リーダーとしてのすべてが学べる最高の修業期間でもある。

課長の役割を一言で言うなら、現場の指揮官として、部下の力を最大限に引き出し、適材適所で動かすことで、組織として成果を上げることだ。実はこの役割は、課長であろうと、部長であろうと、あるいは社長であろうとも基本的には変わらない。違うのは率いる組織の規模が大きくなることだけだ。

組織の規模が大きくなっても、リーダーとしてやるべきことに根本的な違いはない。私は常々「課長として、一〇人の部下を動かすことができれば、社長業も務まる」と言っているが、部長になったら優秀な課長を一〇人動かせば良いのだ。課長それぞれに一〇人の部下がいれば、一〇〇人の部下を的確に動かすことが可能となる。

逆に言えば、部下の個性を把握し、能力を引き出しながら、組織として成果も上げるには、部下の数は一〇人が限界だとも言える。その数を超えてきたら、優秀な部下をリーダーにして、部下を持たせればいいのだ。

だからこそ、はじめてのリーダーである課長時代に、一〇人の部下と徹底的に向き合い、失敗もしながら、仕事に打ち込むことが大切なのだ。そして何よりも、「現場」のリーダーである課長時代の仕事が一番、面白い。私自身の仕事人生を振り返っても、「複写機で打倒ゼロックス」「まったく新しいパソコンを作る」といった夢と目標を掲げ、部下と一緒に熱いチームとなって製品開発に没頭していた課長時代が最高に面白かった。

はじめて部下を持つと、いろいろと戸惑い悩むことも多いと思う。しかし、課長として大事なことは、意外なほどシンプルである。具体的な夢と目標を掲げるリーダーシップと、部下とのあいだで正しい指示と報告を徹底するマネジメント。この二つがあれば、課長として、自分自身と部下を加速度的に成長させることが可能となる。

会社の浮沈は課長の良し悪しで決まる――。そう断言してもいいほど課長の果たす役割は大きい。実際、課長級に優れた人材が揃っている会社は、たいてい強いし、現場がしっかりしている。逆もまた真で、このクラスが弱い会社は、まずダメだ。

本書ははじめて部下を持ち、現場のリーダーとなった君への私からのエールである。経験に基づいた実践的なアドバイスを心がけたつもりだが、本書が課長職にある人を成長させ、最高に仕事を楽しむことの一助となれば、著者として幸甚である。

キヤノン電子社長　酒巻　久

目次

1章 課長に必要な、部長を巻き込む力
――目的のためには手段はすべて使う

2章　課長はまず、夢と目標を掲げる
——最も大切な「リーダーシップ」の要諦　61

3章　指示と報告を徹底する
——会社の未来を左右する「マネジメント」の要諦　93

4章　上位五〇%の人材を集中して鍛える　——能動的に動ける部下の育成法

5章 課長になったら、人間通を目指す

——人間を知らない人に、人は動かせない

リーダーにとって大切なことは、すべて課長時代に学べる

はじめて部下を持った君に贈る62の言葉

序章

常に、第一人者を目指す

――課長はまず、自分に厳しくあれ

01 一番大事なことは、「気をつけるべきことと、その優先順位」を間違えないこと

課長にとって大切なのは、まずは「自分の実力」

少し古いが、日本経済新聞にダメな上司のアンケート結果が載っていた（「働きにくかったり愛想を尽かした上司や先輩」二〇〇八年三月一日 NIKKEIプラス1）。

それによるとワーストは、①言うことや指示がコロコロ変わる、②強いものには弱く、弱いものには強い、③大事な局面で責任逃れ、④感情的で気分屋、⑤失敗を部下のせいにする、⑥上司自身が仕事ができない、⑦部下の手柄を持っていく、⑧部下の指導をしない、⑨決断力がない、⑩仕事を無責任にすべて部下に丸投げする、となっている。

上司の顔色ばかりうかがい、部下には高圧的なヒラメ上司、上にも下にもいい顔をしたがる風見鶏《かざみどり》上司、言うことがコロコロ変わるサイコロ上司、「あとはよろし

く」の丸投げ上司、「オレは知らない聞いてない」の無責任上司……。

思わず舌打ちをしたくなるようなそんなダメ上司が、あなたの職場にも一人や二人はいるのではないだろうか。

彼らは上司としての能力不足もさることながら、そもそも仕事をするうえで大事な「気をつけるべきことと、その優先順位」がわかっていないのではないかと思う。

すなわち、それは、

一、自分に気をつける
二、上に気をつける
三、下に気をつける
四、横に気をつける
五、外に気をつける

である。

まず何より大事なのは、「自分自身」である。自分に実力がなければ、昇進は難しいし、たとえ運よく昇進したとしても部下はついてこない。上司の実力は部下の信頼を担保する最大の武器だ。

だから、課長になろうが、部長になろうが、常に自分自身に目を向け、磨き続け、成長させ続けること。そうやって現状に安住せず、実力をつけていく。そうすれば、少し失敗したくらいでは、会社としても簡単にはラインから外せなくなる。

次に大事になるのは、「自分の上司」である。会社で大きな仕事をやろうと思ったら、上司を巻き込んで、支援を受けられるようにするのが大原則である。

たとえば、あなたが課長で、課の目標を設定するなら、部長方針をよく理解し、部長が支持しやすいものにする。そうやって部長の支持を取り付けられれば、実質的に部長権限の範囲まで仕事の幅が広がるのだ。部長の支援がなければ、課長権限の範囲でしか仕事は回せない。だから常に上司に目を向けておく必要がある。

ただし、これは上司にゴマをするという意味ではない。自分のやりたい仕事をするには上司の考えを理解し、味方になってもらうのが一番効率がいい、ということだ。これを間違うとただのご機嫌取り、おべんちゃらになるので、注意が必要である。

三番目は「部下」である。自分の設定した目標を実現するために実際に汗をかいてくれるのは部下であり、管理職は彼らにいかによい仕事をしてもらうかを考え、導く必要がある。部下の「強み」を引き出し、伸ばすことができれば、その分、目標の実現可能性は高くなる。だから部下には常に目を配る必要がある。成果を出せるかどうかは彼らにかかっている。

四番目は、「同僚」や「他部署」である。互いに状況を教え合うなど情報を共有しておけば、緊急事態などに対応しやすい。また、頼まれごとは喜んで引き受けるなど日頃からよい関係を築いておけば、いざというとき協力が得やすいものだ。同僚や他の部署への目配りも必須である。

そして五番目が「外部の取引先」である。たとえば、相手が規模の小さな納入業者だと、横柄《おうへい》な態度を取る人がいるが、そういう人は最悪である。仕事をするうえでは、会社の大小や立場に関係なく、相手を尊重する姿勢が欠かせない。そもそも、相手が納入業者であっても、基本的には「お客様」だという気持ちがないといけない。一人の社員の横柄な態度がブランドと会社に対する信頼を損ねることになるのだ。

以上の五つが「気をつけるべきことと、その優先順位」である。課長になったら、まずはこれを心がければ、いい管理職へと成長していくことができる。

ところが、これがわかっていない人が多い。課長になったとたん、肝心要《かんじんかなめ》の「自分」を棚に上げてしまって、部下を動かすことだけに頭がいっぱいになってしまう。

もちろん、部下を効率的に動かすことは必要だし、部下とのコミュニケーションも欠かせない要素である。

だが、その前提として、上司に「仕事の実力」がなければ部下はついてこない。仕事に対して自分の実力を磨き続けること。課長になってもそれを怠ってはならないのだ。

02 管理職の仕事は、リーダーシップ、マネジメントの順番で大事

目標なき管理は部署を迷走させ、部下を疲弊《ひへい》させる

大事なことなので、最初に書いておく。

管理職の仕事の両輪は「リーダーシップ」と「マネジメント」である。その要諦《ようてい》は、リーダーとして組織を率いて成果を上げることであり、そのために部下の力を引き出し、生かすことだ。人の上に立つとやけに部下を管理したがる人がいるが、

これは間違っている。けっして「管理が目的」ではない。

具体的には、経営方針をブレイクダウン（目標の下位展開）し、「自分はその実現のためにこれがしたい」という部署の旗（目標）を掲げ、先頭に立つ。そして、その目標達成のためにどうすれば部下によい仕事をしてもらえるか考え、適切な指導や管理を行い、部署の業績を伸ばし、会社利益に貢献する——。

これが課長をはじめとした管理職の務めである。

上司に明確な部署の目標がなければ、部下を導き育てることも、成果を達成することもできないから、両輪のうち、どちらにより重きがあるかといえば、当然、リーダーシップということになる。マネジメントの登竜門《とうりゅうもん》である課長職は、プレイヤーを兼務し、範を示さないといけないケースも多いから、なおさらそうだ。まずリーダーシップを身につけないといけない。

このリーダーシップの部分がいい加減だと、目標なき管理（マネジメント）となりやすく、しばしば部署は迷走、部下も疲弊する。そういう人は、そもそも何がしたいのか、自分でよくわかっていないのだ。

だから、課長になったら、まず自分はその部署をどうしたいのか、それをじっくり考え、新規の販路開拓であれ、新製品の開発であれ、「具体的な目標」として示すことである。目標はすべての出発点であり、これがいい加減だと組織の進路は定まらず、到底、まともな舵取《かじと》りはできない。

逆に言えば、上司にゆるぎのない確固たる考えがあり、「私はこれがしたいのだ」という明確な目標があれば、その実現のためにいかに部下をその方向に向けていくか、そのためにどういう教育をしたらいいのか、どういうスキルを身につけてもらうのがいいのか、自《おの》ずとそういう発想で部下を指導し、導くようになるはずだ。そして部下の一人ひとりをよく観察し、彼らの「強み」を引き出し、それを伸ばすことを考えるだろう。そうすることで部門も会社も成長し、自分の目標も達成できるからだ。

しかし、自分にしっかりとした考えがないとそうはいかない。部門の運営方針は定まらず、指導も場当たり的で、部下の強みを引き出すどころではなくなる。なかには、部下の弱みにばかり目を向け、弱点の矯正ばかりしようとする上司もいる。

もちろん、組織として守るべきルールは守らせないといけないが、「管理のための管理」に走っては、部下のやる気を殺《そ》ぐし、部署の成績も上がらない。

課長として、自分はそこで何がしたいのか。

掲げるべき具体的な目標は何か――。

まずはそれをしっかりと固めることである。

03 その部署、その分野で「第一人者になる」という高い目標を、いつも掲げる

目標のない人は、どんなに能力があっても成功できない

目標を定めることの大切さを教えるこんな話がある。一九七九年、ハーバード大学のＭＢＡ（経営学修士）の卒業生に将来についてインタビューしたところ、

①目標を紙に書いた　三％
②目標はあるが、紙には書かなかった　一三％
③目標を持っていなかった　八四％

という結果が出た。一〇年後、追跡調査してみると、②の平均収入は③の約二倍、①の平均収入は残り九七％（②＋③）の約一〇倍になっていたという（『ゴール

――最速で成果が上がる21ステップ』ブライアン・トレーシー著／早野依子訳／PHP研究所）。

明確な目標を持ち、その実現を強く願い、心に刻むことで、成功する確率は断然高くなる。いくら優秀であっても、目標がなければ、成功するのは簡単ではない。

会社人生も同じである。成功しようと思ったら、大きな夢や目標を掲げて、その実現のために邁進《まいしん》することである。一番いいのは、営業、経理、人事、企画……その部署、その分野で「第一人者になる」のを目指すことだ。

たとえば、私はもともと技術者で開発部門が長かったのだが、第一人者を目指すことで野心的な開発テーマに挑戦できたし、それを成功させることが、部署や会社の業績はもとより、その技術分野、さらには社会の発展にも大きく貢献できると信じて、それこそ寝食を忘れて取り組むことができた。夢を持つと俄然《がぜん》、仕事は楽しくなるのだ。

そうなれば、誰に言われなくても勉強をするし、努力もする。調べ物だってちっとも苦にならなくなる。あとは成長の好循環で、どんどん力がついていく。夢や目標こそが、人を鍛え、成長させる何よりのエンジンなのだ。だから部下に対しても、「自分がどういう人間になりたいのか」を考えさせ、夢や目標を持たせるようにしないといけない。

夢や目標がなくて、「言われたことだけはこなします」という人は、まず伸びない。このタイプは、要領が良くて、適当にそこそこの仕事をする人が多いが、成長には必ず負荷（＝挑戦）が必要で、そうやって「なるべく楽をしたい」と考える人は、潜在的にどれほど能力があっても、大きな成功を得るのは難しいと思う。

もともと優秀であれば、挑戦意欲が希薄でも、ある程度は昇進できるかもしれないが、どこかできっと頭打ちになる。たとえば、こんなことがあった。

あるとき投資案件に関して経理担当者の意見を聞こうと思ったら、「それでしたら○○証券に調査を依頼しましょう」という。がっかりした。証券会社に頼めば、相手はプロだから、それはちゃんとしたものを出してくれるだろう。

だが、それでは経理担当者の存在意義は何なのか、ということになる。証券会社に丸投げして上がってきたレポートを読んで判断するだけではなく、自分で調べて、自分の判断で「私はこう思います」と堂々と意見が言えなければ、経理部門の責任者として存在している意義はないのだ。そうやって、汗を流して経験を積んで、自分の判断力を高めていくことで、経理の第一人者となっていくことができる。

もし部下に挑戦意欲のないタイプがいたら、「第一人者を目指すつもりで頑張らないと、いずれ居場所がなくなるよ」と言って繰り返し奮起を促すことである。

第一人者を目指すのは、たんに自身を成長させるだけではない。社内における存在価値を高め、欠かせない人材として認めてもらうための必要かつ有効な目標設定でもあるのだ。

04 一つ先のポジションにいる人を、「追いつき追い越せ」でベンチマークする

自分の「判断力」の高め方

課長の仕事は、たんにそれまでの具体的な業務の延長ではない。「指示命令を受ける側から、出す側へ」「指導育成される側から、する側へ」「評価される側から、する側へ」と、その人の置かれた立場は大きく変わる。

ありていに言えば、いままで文句を言っていたのが言われる立場になることだ。それがわかっていても、準備ができていないと、いざ課長になったときに慌ててしまうことになる。だから、課長になる前からの準備が大事になる。

たとえば、私は若い頃から、先輩、主任、課長、部長と、いつも一つ先のポジションにいる人をベンチマークして（基準にして）、「追いつき追い越せ」で自分を成長させてきた。

ベンチマークは優れた人や組織、製品などを目標とし、それを超えるのが基本であり、かつてはキヤノンが米国の複写機メーカーの巨人ゼロックスに挑み、その壁を越えたように日本のお家芸であった。それを真摯《しんし》にやらなくなったことが、日本のもの作りの不振の一因ではないかと思う。

それはともかく、私はもともと体育会系の人間で、高校時代はスケートや野球に熱中していた。そのためコンペティター（競合相手）のよいところを真似して取り入れるのは、スポーツ選手の習性として昔から行っていた。

だから会社に入ると、すぐに先輩をベンチマークし、優れた点を学ぶと同時に、「自分があの人の立場だったらどうするだろうか」と模擬的に判断の訓練もするようになった。そのためによくやったのが報告書の練習だ。

たとえば、三、四年先輩が上司から報告書の提出を求められていたら、自分もその先輩の立場になって書いてみる。それを後で先輩の報告書と読み比べて、自分には何が足りないのか、道標《みちしるべ》とした。

経験も情報量も違うから、最初は当然、先輩にはかなわない。それでも追いつき追い越せで頑張っていると、どんどん自分が鍛えられ、そのうち同じ判断のレベルで書けるようになり、ついには「超えた」と感じられるようになった。

その先輩の判断と比べて、一三勝二敗で自分の判断が正しいと思えるようになったら、先輩をベンチマークから外して、その上の主任へと目標を変えた。

そうやって常に一つ先の先輩、主任、課長、部長をベンチマークし、追いつき追い越せで自分を磨き続けてきた。化学の知識でも経理の基本でも、これは自分に足りないと思えば、みんなが退社した後、一人で必死に勉強した。経理に関しては当時の最新の考え方が知りたくて、わざわざ米国から専門書を取り寄せて勉強したりもした。

開発にいたときは、図面だけでなく現場も知らないといけないと思い、代休を利用して工場まで足を運び、コスト計算の仕方などを教えてもらった。その一方で、現場であれこれ見聞きするうちに問題点を発見し、たとえば、「次工程はお客様だから、不良検査は一番最初の入口のところですべき」と提案し、採用されたりもした。

これらは基本的に自分の本来の業務ではないから、就業時間外の朝や夜、休日、代休を利用した。すべては自分のための勉強だと思っていたので、働いたという感覚はさほどないが、これを労働とすれば、ゆうに人の三倍、四倍は働いたことになるだろう。

こうして自分を鍛えたおかげで、視野が広がり、知識や経験も深くなった。と同時に管理職の仕事も自然と理解できた。このため課長、部長、役員と昇進してもあまり困らずにすんだ。その前にたいていの「予行演習」はすんでいたからだ。

何より助かったのは、一つ上の立場に立つことで上司の考えがよくわかるようになったことだ。たとえば、「課長、そろそろこれを指示しそうだな」というのが読めるようになるので、先回りして準備し、いざ指示が出れば、すぐに対応できる。

そうした読みによる準備があるおかげで、たとえば一週間かかる仕事が、二、三日でできてしまう。とはいえ、あまり早く持って行くと生意気に思われるので、四日目くらいに持っていくとちょうどいい。それでも「ずいぶん早いな」と上司は喜んでくれる。仕事が早くなり、確実に上司の信頼は増す。

一つ上の上司をベンチマークして、判断力を磨いていくと、その上司の考え方の「癖」もわかるようになるので、「自分がやりたい仕事」を通しやすくなるのも利点の一つだ。

このベンチマークを続けていると、そのうち、自分の異動時期と異動先も読めるようになってくる。自分よりも高いポジションに立って社内を見渡すことができるようになるので、自分の仕事に没頭しつつも、組織内のバランスや自分が必要とされるような部署が、わかってくるようになるのだ。

「そろそろ異動だな」と思うと、私は辞令が出る前にいつも準備を始めていた。これもベンチマークの効用の一つだ。

05 人事異動に文句は言わない。誰もやったことがないから面白い

異動で不満を言うのは三流の人

私はキヤノン時代、実に多くの部署や仕事を経験した。カメラの設計、複写機の設計、ソフトウエア部隊の立ち上げ、国内外の工場の建設、研究所の立ち上げ、調達、特許関連、生産本部長……等々で、おそらくキヤノンでも私ほど異動を経験した人間はそうはいなかったと思う。しかも、その多くは赤字部門だった。

「あいつ、また貧乏くじを引かされたな」

同僚からはよく同情されたが、本人は至って暢気《のんき》で、不平不満を持ったことは一度もない。異動先がどこであれ、「その部署、その分野で第一人者になろう」と思えば、俄然やる気がわいてくるし、仕事は魅力的になる。だから雑巾がけでもいいと思っていた。

阪急の創業者小林一三《いちぞう》氏も言っている。「下足番を命じられたら、日本一の下足番になってみろ。そうしたら、誰も君を下足番にしておかぬ」と。目標を高く持てば、仕事は楽しくなるし、たいていのことは苦にならなくなるものだ。

たとえば、工場や研究所の立ち上げなどをゼロからやるのは大変だからと敬遠する人がいるが、私は組織作りほど面白いものはないと思っているので、そういう仕事は大歓迎だった。そう言えば、キヤノンの将来的な収益構造を考え、システム化を提案し、システムセンターというのを立ち上げたことがある。

一般に産業における収益源は、①原材料に始まり、②機器へと進み、③次いでそれを統合する仕組み（＝システム）作りへと展開し、④最後はサービスで売り上げる方向へ向かう。私が提案したのは、ちょうどキヤノンが②から③へ移行しようとする時期で、いまやらないと手遅れになると考え、七〇ページほどの提案書にまとめた。

それが当時、副社長の故・鈴川溥《ひろし》さん（後にキヤノン副会長）の目に留まり、ゴーサインが出た。鈴川さんは「酒巻君、君が所長をやりなさい」と言ったが、所長は役員クラスでないとなれない。当時三十代後半の私はまだ部長だったので、専務の故・山路敬三さん（後にキヤノン社長）が所長を兼務し、私は副所長に就いた。これは、実質的に専務と同じ権限を得たのに等しい。

センターのスタッフは中途採用なども含めて約三〇〇人。新しいセンターを作り、自分の思うとおりに仕事ができるというのは、最高に面白い経験だった。

ゼロからの組織の立ち上げでは、オーストラリアで政府と交渉し、ソフトの研究所を設立したこともある。もともと人に合わせて仕事をするのは疲れるし、性に合わない。だから、自分で新しい道を作ってきた。誰かが踏み固めた道を歩くより、無人の荒野に道をつけるほうが断然面白い。どこであろうと異動を喜んで受けたのは、その多くが赤字で、立て直しのためには、自分なりのやり方で好きなようにチャレンジできたからだ。

その意味では、キヤノン電子の社長業が、実は一番面白みがないかもしれない。たいていのことはそうやってキヤノンで経験したことの繰り返しで対応できるからだ。逆に言えば、社長業がすぐに務まるほど多くの部署や仕事を経験してきたとも言える。

世の中には、人事異動に不満をもらす人が少なくない。そういう人はもともと三流の人で、仮に自分では力が発揮できると思っている部署へ異動させても、まずダメである。ほんとうの一流は、どこへ行っても一流になれる。開発で一流の人は、営業でも生産現場でも必ずいい仕事をする。第一人者になれる。私自身のことはともかく、多くの上司や部下を見てきて、はっきりとそのように確信している。

その理由ははっきりしている。

一流の人は仕事を選ばない。どこへ異動しても「日本一の下足番」を目指せるからだ。最初から、仕事に向き合う姿勢、心構えが違うのである。

06　普遍的でシンプルな「利益を出す方法」は、時間もコストも、すべてを半分にしていくこと

開発効率が倍になれば、一〇〇人で二〇〇人分の仕事ができる

キヤノンはカメラメーカーとして成功していたが、カメラで培った技術を転用して「右手にカメラ、左手に複写機」というキャッチフレーズのもと、複写機開発に乗り出したのだ。

当然、複写機のトップ企業であるゼロックスを徹底的にベンチマークしたわけだが、当時の会社の規模で考えれば、まさに巨象と蟻《あり》で、その差は比べるべくもなかった。しかし、だからこそ挑戦しがいがあって、面白いのだ。

そのとき、どうすれば巨象を倒せるかあれこれ考え、開発のスピードや生産スペース、原材料などをこれまでの半分に減らし、コストダウンをはかる「TSS1／2（すべてを半分に）」（※TSS=Time&Space Saving）という方法を考え出した。

これはたとえば、開発に四年かかっていたら半分の二年にする。一つの部品を作

るのに材料が五〇〇グラム必要なら半分の二五〇グラムにする。そうやって時間や材料費など、すべての面で開発効率を倍にしようというもので、実現すれば、一〇〇人の人員で二〇〇人分の仕事ができる。

そうやってゼロックスに対抗することで、ついにキヤノンは複写機の巨人の牙城を崩すことに成功した。

この「すべてを半分に」は、どんな業種にも当てはまる。一番簡単でわかりやすいのは開発期間を半分にしてしまうことだ。開発期間は長くなればなるほどお金がかかるし、売り時を逃すなど損失が大きくなる。「仕事は早くやれ！」が大鉄則であり、開発期間は短ければ短いほどいい。

だから、たとえば、出版社であれば、仮に一冊作るのに半年かかっているとするなら、それを半分の三カ月で作る。そうすれば、いままで半年で一冊しか作れなかったのが、二冊作れるようになる。それだけで売上は倍になる。

それだけではない。そうやって制作期間を半分にできれば、旬のテーマの本を他社に先駆けて、いち早く市場に投入できるようになる。その分、他社の類書と競合することなく、より多くの読者をつかむチャンスが生まれる。

あるいは、売価一〇〇〇円で、原価が五〇〇円なら、これを半分の二五〇円で作れないか考える。

そうやって制作効率を上げていけば、売上も利益率もそれこそ掛け算でどんどん伸びるようになる。上司は、こうした効率改善にもっと敏感になるべきである。

無論、すべてを半分にするからといって、その分、品質が落ちてしまったのでは意味がない。粗製濫造では消費者にそっぽを向かれるだけだ。すべてを半分にして、なおかつ品質を高める努力が必要なのは、言うまでもない。

07 赤字はすべて自殺であり、他殺の例は一つもない

赤字の会社の共通点

私は頼まれて経営コンサルタントの真似事をよくするのだが、赤字の会社には一つの共通点がある。やれ営業力が弱いだの、商品がよくないだの、世界中どこも景気が悪いだのと、何かしら理由を持ち出してきては根本的な問題解決を避けようとする、という点だ。

多くの赤字会社の場合、根本的な問題とは、「赤字と戦う人がいないこと」である。赤字はすべて自殺であり、他殺の例は一つもない。すべては内部要因であり、しかもその九割がたは赤字と戦う人がいなかったから、その額が膨らんでしまったのだ。それを景気のせいなどにしていたら、会社の赤字はさらに大きくなるばかりだろう。

そのまま黙って見ていたら、早晩、会社は潰れる。その悲劇からあなたの人生や家族を守れるのは、上司であるあなたしかいない。戦わなければ倒産で、一〇〇%負けるだけだ。

では、どうすればいいかと言えば、「金銭感覚にシビアになること」である。

多くの人は会社の売上が一〇%落ちても気にしないが、自分の給料が一〇%減ったら真っ青になって大騒ぎする。まず、それを改める。売上が一〇%落ちたら、いずれ自分の給料も一〇%減るのだという、正しい危機感を持つことだ。

たとえば、ある機械がA工場に既にあるのを知らずに、B工場が新たに五〇〇〇万円で買えば、それは確実にあなたの給料に影響していく。こういったムダな買い物一つとっても、組織が大きくなればなるほど、確実に増えていく。横のコミュニケーションがなくなっていくからだ。

それはともかく、業績悪化やムダの放置は、自分の給料の減少に直結する――。

その事実を腑《ふ》に落として認識することだ。会社の財布を、自分の財布と同じように思う感性が必須なのだ。

具体的には、

①不要な金は使わない
②利益を生まない経費は、徹底して節約する
③投資効果の小さいところには金を出さない
④投資効果の大きいところに大胆に金を注ぎ込む

などに注意するといい。

何より大事なのは、これらを「知っている」だけでなく、「実際に実行できる」ことである。ムダを見つけ、放置することなく改善していく管理職が求められているのだ。

1章

課長に必要な、部長を巻き込む力

——目的のためには手段はすべて使う

08 上司を巻き込むことで、自分のポジション以上の仕事を実現していく

上司と性格は合わなくても、仕事のやり方を合わせることはできる

序章でも述べたように、上司との関係で一番大事なことは、自分のやるべき仕事、やりたい仕事に上司を巻き込んで、支援を受けられるようにすることである。

それには、もしあなたが課長で課の方針を考えるとしたら、上司である部長がどのような方針で部の運営を考えているのか、それをよく理解したうえで、その意に沿うようなものを提案し、部長の承認やバックアップが受けられるようにすることだ。そうすれば、課長の権限を超えて、部長権限の範囲まで自分の仕事のレベルを上げることができる。

キヤノンの部長時代にシステムセンターの立ち上げを提案したところ、それが鈴川さん（当時副社長）の目にとまり、実質、役員の仕事である副所長に抜擢《ばってき》された という話を書いたが、あれにしても鈴川さんや山路さん（当時専務）の考え方をよ

く理解していたから、「これはキャノンにとって喫緊《きっきん》の課題です」と提案できたし、承認や支援も得られたわけで、そうでなかったら、たぶん実現することはなかったと思う。

上司の方針を理解しないで、自分の権限を超えた提案をしても、上司の承認を得られるはずがない。いくら自分がやりたい仕事であっても、上司の考え方が違えば、「システムセンター？　そんなことに人も金もかけられないよ」で終わってしまう。

上司の支援が得られなければ、自分の職務権限の範囲でしか仕事は回せない。だから、大きな仕事をやろうと思ったら、上司の方針をよく理解し、「これは面白い。やってみなさい」と後押ししてもらえるような提案をすることである。

上司の考え方を理解するには、前にも述べたように、「ベンチマーク」を利用するといい。具体的には他の人が上司に上げた報告書などを利用して、上司がどういう方針で仕事をしているのか、どういうときにどのような判断をしているのか、読み解くようにする。これを繰り返し行うと、上司の考え方が自然とわかるようになる。

以前からベンチマークしていた人物であれば、どういう考え方をする上司か、先刻承知だろうが、異動などで初めてその下についた場合は、この作業が必須になる。

人間には相性というものがあるから、性格的に「どうもあの人は苦手だな」というのは誰だってある。合わない人とはどうやったって合わない。それでも一緒に仕事をしないといけないのが、会社であり、組織だが、幸いなことに性格的に合わない人であっても仕事のやり方を合わせることはできる。

実際、異動の多かった私は、しばしばウマの合わない上司についたが、それでも上司をベンチマークして、仕事のやり方、考え方を理解し、それに合わせることで、案外、上司の支援を得ながら、好きなように仕事をすることができた。

上司の承認やバックアップを得るには、上司を理解し、合わせると同時に、こまめに報告を上げて、仕事の進捗《しんちょく》状況を知らせることも大事になる。上司にとってこまめに報告してくれる部下は、いま何をやっているのか、常に把握できるし、何か問題があれば、「こうしたほうがいい」などと対策も指示できるので、安心感がある。

部下にしても、そうやってこまめに報告して上司を巻き込んでおけば、何かあったとき、自分だけで責任を負わずにすむ。その意味では部下にとって報告とは、誰のためでもなく、自分のためのものなのだ。だから報告は大事だし、多ければ多いほど上司の信頼も増す。

逆に報告が少ないと、「あの仕事、どうなったんだ?」と上司は不安になる。最悪なのは、ミスをしたとき怒られるのが嫌で、何とか自分でカバーしようと、上司に報告しないまま陰でこっそり動くが、結局、どうにもならず、いよいよにっちもさっちもいかなくなってから、「すみません、実は……」などと上司に泣きついてくる部下である。

すぐに報告があれば、対処のしようもあるのに、場合によってはもはや打つ手なしで、まったくのお手上げになってしまうかもしれない。報告を怠る部下は最悪であり、それだけで上司の信頼は得られない。アウトである。

上司の考え方を理解し、それに合わせて仕事をし、こまめに報告する——。

上司対策はとても大切であり、そうやって上司を巻き込み、信頼を得ることで、はじめて部下は、いい仕事、大きな仕事ができるのである。

09 目的を達成するためには、つまらないプライドを捨て、「謙虚に人を巻き込む力」を磨く

目的は仕事で結果を出すこと。手段は何でもいい

あるとき弊社の営業部門からこんなレポートが上がってきた。

「我が社では社長がトップセールスで営業をやっている。これは強みだが、弱みでもある。社長抜きでも数字が出せるようにしないといけない」

一読すると正しく感じるかもしれないが、これは明らかに間違っている。私は営業部門に次のように言った。

「営業の仕事の目的は何ですか？　売上を上げることでしょう。ビジネスは戦争なんだから、売上が上がるなら、社長だろうが役員だろうが知り合いだろうが、使えるものはどんどん使えばいい。いや、使わなければいけない。それらは手段であって、目的は仕事で結果を出すことなんだから。社長だって手段として有用なら、どんどん使えばいい」

要は、目的と手段を履き違えてはいけない、ということだ。

たぶん彼らは、「いつまでも社長におんぶに抱っこではダメだ。営業部隊として自分たちだけで売れるようにしなければいけない。自立することこそが会社の利益になる」、そう考えたのだと思う。そうでないとプライドが許さないという面もあったかもしれない。

その心意気やよしだが、営業はたくさん売るのが仕事であり、そのための手段はいくらあっても困ることはない。社長だって使えるならどんどん使えばいいのである。

管理職にはそうやって使えるものは何でも使って成果につなげる「人を巻き込む力」が必須であり、これは管理職の能力をはかる重要なモノサシの一つでもある。

一般に飛び込み営業では一〇〇軒訪問しても成約率はせいぜい一％程度だが、人を紹介してもらい、ダイレクトに営業をかければ、それが一気に五〇％程度まで跳ね上がるといわれる。飛び込みより断然、営業効率がいい。

自分に人脈が足りないなら、そうやって人を巻き込んでどんどん決定権のある人を紹介してもらい、自分の財産として育てていけばいいのだ。

そんなことはビジネスのイロハのイであって、当たり前のことだと思うのだが、なぜか、これができない人がいる。

人の力を借りると、自分が無能と思われるのではないかと不安だったり、手柄を取られてしまわないか心配だったり、自分一人でできると過信していたりするのだと思う。

もともとこのタイプは、上司を巻き込んで支援を受けるのも上手ではない。要するに「つまらないプライド」が邪魔をして人に頭を下げられない、謙虚になれないのである。人の力を借りるのは、仕事で効率よく成果を上げるためであって、それこそが目的である。いくら自分のプライドを守ろうとしたところで、成果が上がらないのであれば、何の意味もない。

仕事の目的は「結果を出すこと」であって、「自分のプライドを守りながら結果を出すこと」ではない。くれぐれも目的を履き違えないことである。

人脈作りに関連して、大事なことを三つ挙げておきたい。

まず一つは、人を巻き込むことで手にした人脈は、絶対に独り占めしてはいけない、ということである。「あれは俺の顧客だ」などと言って抱え込むのはもってのほかで、営業部門の財産として共有し、誰でも利用できるようにすべきだ。

そのような意識が徹底していれば、営業部門内の縄張り意識から「お前ら、うちの顧客に勝手に手を出しただろう！」などと言って、つまらない内輪揉《うちわも》めを起こすこともない。人脈を抱え込んで、いくら自分たちの部隊だけが営業成績を伸ばしたところで、よその部隊がふるわず、会社全体で見れば赤字であったなら、結局、ボーナスは出ないのだ。

目的は会社の業績を伸ばすことなのだから、そんな低次元の縄張り意識はさっさと取り払って、互いの部署を巻き込んで、協力できることはやるべきなのだ。

それがやすやすとできる管理職は、最短距離で効率よく成果を上げるので、たいてい出世も早い。

二つ目は、自分が手にした人脈は、必ず次の世代に引き継ぐ必要がある、ということだ。それこそ社長がトップセールスとして力をふるうような会社であれば、その人脈は大変な財産なのだから、社長の在任中にそれを部門として丸ごと引き継ぐ努力をすべきである。それが管理職としての重要な使命だ。

三つ目は、人脈の継承には相手方の権限者が信頼する部下との関係を大事にする、ということである。

たとえば、社長がトップセールスをかけて、ある会社の経営者と商談の機会を持ったとする。その際、先方の会社の部長なり課長なりが同席し、「あとは彼がやりますから」と先方の社長に言われたら、その部長なり、課長なりとの関係を大事にすることである。トップセールスの席に同席させるということは社長の信頼が厚い証拠であり、彼らは大きな失敗でもしない限り、次の役員候補、部長候補である可能性が高いからだ。

そうやって人を巻き込み、人脈を築いたら、それをみんなと共有し、引き継ぎ、自分だけでなく、まわりの数字も上げられるようにする――。

それができる管理職は、部門の成績も会社の業績も伸ばせるから、放っておいても部下の信望は厚くなるし、上からの評価も高くなる。

つまらないプライドは捨て、「謙虚に人を巻き込む力」を磨くことである。

10 聞くは一時の恥。一手間を惜しまず、経験のある人に必ず聞きに行く

「思い込み」で仕事をすると、必ず失敗する

あるときこんなことがあった。

ヨーロッパで弊社のある特許を申請する際、なぜか担当者が、本来外せないはずのフランスを除外し、英国、ドイツなど数カ国に特許を申請する国を限定してしまった。

「なぜ、フランスを外したのか」と聞くと、「いらないと思った」という。その担当者の隣の席にはキヤノンでフランスやドイツの責任者を務めた人間がいる。欧州の技術の状況にも通じており、特許の申請に当たってどこを重視すべきか、そうした話を聞くにはうってつけの人物だ。しかもすぐ隣の席である。

当然、話を聞いたと思ったら、「聞いていない」という。「なぜ、聞かないのか」と尋ねたら、「自分の判断でフランスはいらないと思った」という。

ほんとうにフランスはいらないのかと思い、その担当者の隣に座っているヨーロッパの特許事情に詳しい人間に聞くと、「フランスは必ず入れないとまずい。ドイツよりもフランスを大事にしないといけない」という。

念のためその事情通の直属の上司で、やはりヨーロッパの経験が豊富な人物にも確認したが、やはり「フランスを入れなけりゃあダメですよ」という。

何のことはない、一声、隣の席の事情通に、「この特許、フランスは必要ですか」と聞けばすんだ話なのに、それをしなかった。

その担当者は、ヨーロッパに駐在した経験もなければ、ヨーロッパと取引した経験もなかった。それでも「自分の判断に間違いがあるはずがない」と思い込んでしまうと、事情に通じた人の話を聞くべきだという考えがなくなってしまう。

自分一人でできることは限られているし、自分一人ですべてやろうと思うことが間違いなのだ。わからないことがあれば、それをよく知っている人に、「すみません、ちょっと教えてください」と頭を下げて教えを請えばいいのだ。それが組織で仕事をすることのメリットである。

「聞くは一時の恥、聞かぬは一生の恥」で、いい仕事をしようと思ったら、そうやって謙虚な心でもって、どんどん人を巻き込んで協力してもらえばいいし、そうすべきなのだ。

しかも相手が会社の人間なら、何を聞いたって「給料のうち」ですむ。外部の専門家を頼めば、その分、費用が発生する。だから、社内で使える人間は、社長だろうが専務だろうが、一般の平社員だろうが、全部使えばいいのである。

使うという言葉が嫌なら、頼りにする、と言い換えてもいい。社員それぞれが、会社の利益に向かって、お互い様の意識で、それぞれの強みを頼りにして使い合う。そういう社員が多い組織は強くなる。

もし、人に聞くのが嫌なら、自分で徹底的に調べないといけない。そして事情通に匹敵《ひってき》するレベルの情報、知識を身につけるべきだ。それをしないで、ただの「思い込み」で、物事を判断し、進めたら、必ず失敗して、痛い目にあう。

余談を一つ。『パリスの審判——カリフォルニア・ワインVS.フランス・ワイン』（ジョージ・M・テイバー著／葉山考太郎、山本侑貴子訳／日経BP社）という本がある。一九七六年、パリで開かれたフランスワインとカリフォルニアワインの比較試飲品評会で名だたるフランスワインが、当時はほとんど無名だったカリフォルニアワインに白、赤ともに敗れた。それを克明に綴《つづ》ったドキュメントだ。

圧巻は審査員たちが、「カリフォルニアワイン＝まずい」「フランスワイン＝最高においしい」との思い込みから、「こちらがフランスワイン」と高得点を付けたら、実はそれがカリフォルニアワインで、慌てふためくくだりである。

思い込みは、人の目を曇らせ、判断を誤らせるのだ。私はそれを肝《きも》に銘《めい》じるため、再読しては、固定観念の怖さを再認識している。

11　上司に頼まれた仕事は、相手が思うよりも早く持っていく

上司の信頼を得て、はじめて自分のペースで仕事ができる

仕事に納期はつきものだ。上司を巻き込み、信頼を得て、いい仕事をするには、上司に頼まれた仕事は、納期よりも早く仕上げるようにする。これが鉄則だ。

たとえば、「この仕事は四日以内に頼むよ」と言われたら、納期の四日目ではなく、三日目までに仕上げる。そうすれば、「おっ、ずいぶん早いな」ときっと上司は喜んでくれる。ただし、あまり早すぎると生意気に思われるし、「彼ならできる」と、どんどん納期が短くなるおそれがある。このためたとえできたとしても翌日には持っていかないほうがいい。三日目までに仕上げれば、十分だ。

締め切りの前倒しで仕事を早く仕上げるには、繰り返し述べているように、上司をベンチマークして、仕事の仕方、考え方をよく理解することである。

そうすれば、たとえば、「いま、うちの部門はこの仕事が佳境だから、そろそろ

次のステップであの仕事の準備に取りかかってもいい頃だ。部長はそういうことは先手先手で動く人だから、ぼちぼち声がかかるかもしれない」と上司の考えが読めるようになり、先回りして、そのための準備ができるようになる。

そうやって下準備を進めておけば、いざ上司から指示が出ても、すぐに対応できるし、何より早く仕上げることができる。たとえば、上司の指示があってから始めたのでは一週間かかる仕事が、三、四日もあれば、できてしまうだろう。

実際、キヤノン時代、上司の先回りをしすぎて、指示が出たときにはほとんどできてしまっていたことが、よくあった。まさか先回りしてやっておきましたとも言えないから、仕上げにわざと時間をかけたりしたものだ。そうやって余った時間は、自分のやりたい仕事の企画を考えたり、そのための勉強をしたりした。

いずれにしろ、そうやって納期より早く仕事を仕上げるようにすると、だんだん上司の信頼が厚くなり、報告なども「仕事の節目節目できちんとやってくれればいいから」とあまり細かく求められなくなる。そうなれば、自分のペースで仕事ができるから、企画を練ったり、そのための調べ物をするなど、自分主導で物事を進められるようになる。

仕事は納期に仕上げて当たり前で、一日でも遅れれば、「遅い！」と怒られ、「できない人間」と思われかねない。上司の信頼を得て、自分主導で仕事をするには、納期厳守ではなく、納期前倒しで仕事をやることである。

12　上司にはうるさがられるぐらい報告する。その回数だけ信頼は深まる

上司に「道具」として愛されるための作法

仕事の実績と昇進は関係ない。抜きん出た仕事ぶりは昇進につながらないどころか、かえって邪魔になることさえある——。『「権力」を握る人の法則』（ジェフリー・フェファー著／村井章子訳／日本経済新聞出版社）は、社内の政治力学を赤裸々に描いた、なかなか刺激的な本である。なかでも秀逸なのは、出世したかったら上司との関係に気を配るべきとの指摘で、それはまさに組織や人間心理の本質を突いている。

ただし、それは私のいう上司との関係を大事にするというのとは、少し違う。出世するには一般に上司に引き立てられるのが一番の近道だが、それには、

①仕事は二の次で、人間的に好かれ、可愛《かわい》がられる
②仕事のできる部下、つまり「道具」として愛される

という二つの方法がある。

『「権力」を握る人の法則』でいう上司との関係を大事にするというのは①で、要するに出世したかったら、実績作りに血道を上げるより、たとえば上司が釣りが好きなら、自分も釣りを始めたり、ゴルフ好きな上司はせっせと車で送り迎えをして一緒にラウンドをして、「ナイスショット！」とおべんちゃらを言って可愛がられるのが一番、ということだ。

世の中には、この方法で出世したがる人が少なくないし、実際に社長の座を射止めるのはほとんどがこのパターンだという人もいる。

仕事よりおべっかで出世できるなら、それも悪くないかもしれない。

でも、私にはその方法は無理だった。上司にゴマをすって愛されるというのは、簡単に言えば、上司の機嫌だけとればよいことで、そんな芸当は私にはとてもできないからだ。

もともと私は、出世より自分の夢の実現こそが願いで、いつもいい仕事がしたい、この分野で何としても第一人者になりたい、そんなことばかり考えて生きてきた。実績と昇進は関係ないという組織における現実は、年を重ねるにつれて嫌でも知ることになったが、それでも出世は二の次で、ひたすらいい仕事をすることを生きがいとしてきた。

だから、おべんちゃらを言ってまで出世するなど、私の価値観ではあり得ないことだった。そして気がつけば、当たり前のように②の方法で仕事をしていた。

「道具として愛される」などというと、ずいぶんと卑下《ひげ》した言い方に聞こえるかもしれないが、これは仕事以外の個人的なつき合いを排除したところで、純粋に仕事のできる部下として上司に評価、信頼されることで、いい仕事、大きな仕事を実現し、その結果として昇進すればそれはそれでいい、という仕事のやり方である。

たとえ性格的に合わなくても、上司の考え方をよく理解して仕事を行い、きちんと成果を出すようにすれば、必ずその能力は評価され、上司にとって重宝な道具として愛されるようになる。

実績は必ずしも昇進に結びつくわけではないが、そうやっていい仕事をしていけば、見る人は見ているから、いずれは周囲に押される形で、それなりのポストまでは上がるようになる。誰もが認める能力、実績があれば、役員クラスまではいくものだ。社長になれるかどうかは、入社年次なども含めて多分に運の要素が大きい。

上司にその能力を高く評価され、道具として愛されるには二つの点に注意が必要である。

一つは、常に自分を高めるための勉強や努力が欠かせない、という点である。上司の期待に常に応《こた》えるには、上司と同等、ないしはそれ以上の能力が必要になる。上司の期待に応えられなくなれば、用済みとして扱われるリスクもあるのだ。

私はいい仕事がしたかったから、そうした努力は少しも苦にならなかったが、そのように思えない人にとっては、これはとてつもない苦行になるだろう。その点、おべんちゃらだけ言っていればいい①の方法は、自分を高める努力は必要ない。己の矜持《きょうじ》さえ捨てられるなら、道具になるよりずっと楽ではないかと思う。実際、だからこそ、もみ手すり手で出世したがる人が少なくないのだろう。そのほうがたぶん楽なのだ。

二つ目は、上司に可愛がられなくてもかまわないが、嫌われないようにすることである。仕事は人一倍できるが、お追従《ついしょう》の一つも言えない世渡り下手の人間というのは、ちょっとしたことで上司の不興をかい、疎《うと》まれやすい。それは織田信長に道具として愛された明智光秀の末路を見れば、よくわかる。

では、どうすればいいかと言えば、前にも述べたように、上司への報告を欠かさないことである。それこそ、「お前、また来たのか」と上司にうるさがられるくらいマメに報告を上げることである。そうすれば、上司は部下の動きがつかめるから安心する。

報告を上げた回数だけ、上司の信頼は増すと心得るべきだ。

いくら能力があっても、報告が少ないと、上司は不安になるし、下手をすれば、「あいつ、俺に隠れて勝手なことをしているな！」と余計な疑念まで抱かれてしまう。こうなると自分のやりたい仕事もやりにくくなる。

上司におべっかをつかうのが嫌な人は、道具として愛されるための二つの作法を忘れないことである。

一番いいのは、道具としての能力を身につけつつ、上司にも可愛がられることだが、これをバランスよく実現している人は、私が見てきたなかでも、かなり少ないと思う。

2章

課長はまず、夢と目標を掲げる

——最も大切な「リーダーシップ」の要諦

13　新しい部署に上司として行くときは、シンプルで具体的な目標を掲げて行く

夢のない人は部下を育てられない

上司として新しい部署に行くときは、まず目標を作らないといけない。目標を立てて着任しないと、それができるまで部下を待たせることになるし、何より自分の目標、方針が明確でないと、部下を動かしようがない。自分が何をしたいのかわからない人は、部下に何をやってほしいかもわからない。これでは成果は出ないし、部下も育たない。

目標とは、言い換えれば「夢」である。あの部署に行ったら、こういうものを作りたい、こういう企画を実現したい。それをたとえば自分一人では一〇％しかできないとしたら、残りの九〇％は部下を巻き込んで、力を借りてカバーするしかない。それにはどういう部下が必要で、いかに部下を動かして一〇〇％にするか——。そういう発想でないと、部下は動かせないし、目標を達成するのは難しい。つま

り、上司に夢がなければ、「君にはこれをやってほしい」とか「ここを伸ばしてほしい」といった仕事の割り振りや指導もできないのだ。

教育学者のウイリアム・アーサー・ウォードにこんな言葉がある。

「凡庸な教師は指示をする。良い教師は説明する。優れた教師は模範となる。偉大な教師は相手の心に火をつける」

部下の心をふるわせ、その気にさせる最高のツールは、上司の語る熱き夢だ。

かつてキヤノンが複写機に参入した当時、私の直属の上司だった田中宏さん（後にキヤノン副会長）は、事業の責任者だった山路さんの「打倒ゼロックス！」宣言を受け、「複写機を世界で戦える事業に育てるぞ！」と言って我々を鼓舞《こぶ》した。

私がキヤノンでＮＡＶＩというパソコンの開発責任者になったときは「マルチな機能を備えた世界初のコンピュータを作ろう！」という目標を掲げた。具体的なイメージは「これ一台あれば、事務所はＯＫ！」だ。それに「よし！」と部下たちは応えてくれた。

その結果、ワープロ、電話、ファクス、プリンタ、ステーショナリー（電卓、カレンダーなど）をワンボディに搭載した、世界で初めてタッチパネルで操作できる複合機パソコンが誕生した。営業的には成功しなかったが、燃えるいい開発チームだった。

また、キヤノン電子の社長に決まったときは、まず心にこう誓った。

「キヤノンが潰れても、潰れないような会社にしよう」

そして、そのために自分は何ができるか、何をしなければいけないか、考えた。

かつて売上はすべてを癒すと言われた。しかし、すでにそんな時代ではなかったから、売上を伸ばすのは簡単なことではない。ならば、売上より利益を伸ばしたほうがいい。私は着任に当たり、「世界トップレベルの高収益企業になろう」(税引前の経常利益率二〇%目標)という夢を掲げた。そして、それを実現するための具体的な目標として、前にも述べた「すべてを半分に(TSS1/2)」(※TSS=Time&Space Saving)を提示した。

古参社員のなかには「そんなのできるはずがない」と鼻で笑う者もいたが、この「すべてを半分に」は導入四年目の二〇〇二年には目標を達成した。利益率が約一三%にまで伸びたのはその二年後、社長就任六年目のことだ(ちなみに、一九九九年、着任した年の利益率は一・五%である)。

大きな夢は、それを具体的な目標に置き換え、数値で設定するなど、わかりやすい形で示せば、それに向かって人は必ず動くようになる。そのために自分はどうすればいいか、どのように働き方を変えていけばいいのかを、目標からブレイクダウンして徐々に考えられるようになり、かつ実際に動けるようになるのだ。

そのためにも新任の上司として掲げる目標は、部下のやる気に火をつけるような、夢があって、なおかつ部下が何をすればいいのか、その目指す方向性がひと目でわかるような、なるべくシンプルで具体的なものにすべきである。

何年かかってもよい「理想の姿」を、まずは目標にする

それにはまず、異動が決まったら、その部署について徹底的に勉強し、その部署のあるべき「理想の姿」をイメージすることだ。これはざっくりとした大枠の構想、ビジョンでかまわない。また、その実現に何年かかるかも、あまり深く考えなくてよい。

たとえば、本社から九州・博多にある社員三〇〇人のソフトウエア会社の社長を命じられたとする。そうしたら、「博多で一番のソフトウエア会社にしよう。」そのために一人当たりの売上一〇〇〇万円×三〇〇人で三〇億円の会社にしよう」といった目標設定でいいのだ。ソフトウエア会社の場合、三〇億円売り上げるには、だいたい六〇〇人程度の人員は必要であるということは、少し調べればすぐにわかる。

だから、三〇〇人で三〇億円売り上げるには、生産効率を倍にしないといけない。大変な目標である。しかし、だからこそ夢になる。全社一丸となってチャレンジする価値がある。

そうやって理想の姿を大枠でとらえ、新任の上司として掲げる夢にすればいい。そしてそのために「自分は何ができるか、しなければいけないか」を具体的に考え、目標にすることだ。

自分が新しい部署に何年くらいいるかは、どの会社でも慣例的にある程度は予想がつくだろうから、たとえば、三年なり五年なりを目標達成の期限とすれば、そこから逆算して一年目は何をすればいいか考えるようにするといいだろう。

たとえば、私がキヤノンで生産本部長になったときは、「長くても五年かな」と思い、「だったらその間に自分にしかできない生産効率の改善をやってやろう」と考え、各事業部が個別に持っていた「試作部門」と「伝票」の整理統合を目標に掲げた。各事業部が試作部門を独自に持っていると、工作機械や工場スペースのムダも多いし、伝票の種類が多いと事務の効率を著しく悪化させるからだ。

結局、生産本部長の任期は六年あったが、その間に試作部門を一本化したことで工場の使用スペースは四分の一になり、伝票も何十種類もあったものを二種類にすることができた。数十億円規模での経費削減効果が出たのだ。

試作部門の一本化では、それにともない四〇〇人ほど余剰人員が出たが、それまで外部発注していた仕事を引き上げることで、そのまま雇用を確保した。

生産本部は本社寄りの部署だから、当然、そうした合理化には現場からの反発が強い。そこで一年目は、そうすることがいかに各事業部に利益を生むかを、各事業部長に根気よく丁寧に説得することに費やした。各事業部長を説得できるのは、自分ぐらいしかいないだろうという自負があったから掲げた目標であったし、めんどくさい社内調整を果たせば、数十億円規模で経費削減になるという数値的目標も明確だったから、部下たちもついてきてくれたのだ。ムダを省くというのは、イコール、そのぶん利益が増えるということだから、当然、部下のやる気も達成感も違ってくる。

なお、一般的に三〜五年の目標を一、二年の短期で達成するのは極めて難しい。短期間で部下を育てるのは容易ではないし、互いの理解も十分には深まらない。短期間で目標を実現できるかどうかは上司の実力次第であり、本人に圧倒的な能力がないとまず無理だ。

逆に言えば、上司に圧倒的な実力があり、それを一年目から示すことができれば、部下は信頼してついてくるし、短期間で理想の姿を実現することも可能になる。

本書冒頭で課長が「気をつけるべきことと、その優先順位」の一番目は「自分自身」であり、「常に自分に目を向け、磨き、成長させることが大事」と書いたが、着任して短期間のうちに部下の信頼を得て目標を達成するには、そうやって誰もが認めるような圧倒的な実力をつけておく必要があるのである。

まずは自分の実力が大事。それを再確認しておきたい。

14 目標を作ったら、二、三日寝かせて、それから上司と部下、双方の立場から見直す

上司の支援が受けられ、部下が具体的に動ける目標を作る

どこの会社でも新年に当たってはその年の方針を作る。弊社でも毎年、課長級以上に作ってもらうが、どうにもこれがうまくできない人がいる。

あるとき、そんな管理職の一人に「方針は誰のために作るんですか?」と聞いたら、「自分のためです」という答えが返ってきて唖然《あぜん》としたことがある。

管理職が作る方針は、上の方針の下位展開であり、その実働部隊は部下である。上と下の双方に目を向けるのは当然で、それがわかっていたら、「方針は自分のために作る」などという答えが返ってくるはずはないのである。

結局のところ、そういう人は、仕事は一人ではできない、上司の支援や部下の協力がなければ、何事も成しえない、ということがわかっていないのだと思う。

管理職が方針を作る際の大原則は、「上の方針をよく理解し、そのうえで自分のやりたい仕事、部署としてやるべき仕事を具体的に明示する」ことである。

その際、絶対に忘れてはならないのが、「自分」「上」「下」への注意、目配りである。

具体的には、

①自分の責任と権限の範囲で何ができるかを考える
②上司の理解を得て支援が受けられるようなものにする
③部下がすぐに動けるように具体的でわかりやすいものにする

ことである。方針がうまく作れない管理職は、たいていこれらが頭のなかからすっぽり抜け落ちてしまっている。

管理職にはそれぞれ責任と権限の範囲がある。そのなかで自分は何ができるかを考えないといけない。それが上手にできる人は、自分の差配できる責任と権限のなかできちんと仕事をこなし、成果を出す。

ダメな管理職というのは、たとえば、課長でありながら、部長や役員レベルでないとできないような方針を——つまり、自分の責任と権限の範囲を超えて人も金も必要になるような現実離れした方針を——平気で出してきたりする。

なかには「あなたは社長ですか」とこちらがびっくりするような方針を出してくる人もいる。見栄えのする大きな目標を出せば、上から評価されると勘違いをしているのではないかと思う。しかし、課長の権限を超え、部長の領分に踏み込むようなものを部長が承認するはずがないのだ。

一方で、目標の達成にはしばしば他部署の協力など自分の責任と権限を超えた動きが必要になる。そんなとき上司の後押しがないと身動きが取れなくなってしまう。だからこそ、上司の方針、考え方をよく理解し、自分の責任と権限の範囲を守りつつ、なおかつ、いざというとき支援が受けられるような方針を作る必要があるのだ。大事なことは、そうやって上司の理解を得て、バックアップしてもらえるように「巻き込む」ことだ。

また、その方針を実現するために実際に働いてくれるのは部下なのだから、当然、その中身は部下がすぐに動けるように具体的でわかりやすく、かつ達成可能なものでないといけない。

しかし実際には、抽象的で具体性に欠ける方針を作る管理職は少なくない。何をどうすればいいのかわからなかったり、どう頑張ったところで実現不可能なものであったりすれば、部下は困ってしまう。部下から「馬鹿なんじゃないのか？」と思われたら上司は終わりである。

上司と部下、双方の立場から方針をブラッシュアップする

そんな愚を避けるには、方針を作ったら、二、三日寝かせておくといい。そうすることで冷静に客観的に自分の方針が見られるようになる。

そのうえで上司の立場で読む。たとえば、課長であれば、部長の立場に立って、この方針を承認できるか、いざというとき支援できるか、そういう視点で読む。さらに部下の立場で読む。課長の方針が理解できるか、すぐに動けるか、そういう観点から読む。

もし上司の立場、部下の立場で読んで納得できないところがあれば、それを見直し、再び、二、三日寝かせておく。そして同じ作業を繰り返す。そうやって上司と部下の立場で自分の方針を読み込み、納得できない点を修正し、ブラッシュアップしていく。

この作業をきちんと行えば、まず間違いのない方針ができる。

だから、毎年の方針の意義、設定の仕方がわかっている管理職に「去年の方針は?」と聞けば、「自分はこういう方針で一年間こうやりました。その結果、成果はこうで、足りなかったところはこうです」と即座に答えが返ってくる。振り返ることができるのだ。

逆に方針をうまく作れない人は、「は?　えーと……」とすぐに答えられないことが多い。自分の立てた方針と真剣に向き合わなかった証拠で、振り返りも何もないのである。これでは成長は望めない。

そんな課長がゴロゴロいる会社は心配である。課長は現場の責任者であり、そこがしっかりしていない会社はたいてい弱い。だから私は、毎年の方針は課長のものまで全部目を通す。そうすることで課長に緊張感が生まれ、自分の方針と真摯に向き合うようになるからだ。

なお、部下がダメなのはたいてい上司がダメだからで、課長クラスをしっかり育てようと思ったら、いい部長を選ぶことである。それに尽きる。

15 新しい部署では部下にヒアリングして、部下の人間性と能力を見極めていく

「なぜできないと思う？」、すべてはその問いから始まる

新しい部署に行ったら、事前に考えておいた、「私はこれがしたい」「こういうふうにしたい」というシンプルで具体的な目標を部下に語って聞かせる。

これは最初の顔合わせで一回言っただけでは意味がない。機会あるごとに何度も何度も繰り返し聞かせることだ。そうでないとなかなか部下の心に届かない。

もっとも最初は、たいてい「そんなの無理。できるわけない」といった否定的な反応があるものだ。それに対して頭ごなしに「上司の方針に従えないのか」などと無理強いするのはよくない。かえって反発を招くだけで、ますます仕事がやりにくくなる。

そんなときは個別に話し合いの機会を持って、「なぜ、できないと思う?」とその理由を聞くことである。私はいろいろな部署に異動したが、いつもそうした反対する声を拾い上げて、それに耳を傾けることから部下との話し合いを始めることが多かった。

というのも、できないと思う理由がわかれば、それを取り除く方法を考えればいいわけで、そうすれば、「できないと思っていたけれど、そうか、そうやれば、なるほどできるかもしれない!」と逆に部下をその気にさせることもできるからだ。

そもそも「できるわけない」と思っている理由は、それまでの悪しき慣習であったり、つまらない固定観念であったり、たんに現状を変えるのが面倒なだけだったりすることが多いものだ。それを変えてやるのは、それこそ上司の腕の見せ所だろう。

上司の語る夢に否定的な反応をする人は、ある意味わかりやすくていい。むしろ、うんともすんとも言わない人のほうが、何を考えているかわからず、苦労する。そこでそういう人には、自分の語る夢に対して「どう思う?」と一人ひとりヒアリングをしていく。

また、部下の仕事のやり方で気になることがあれば、「なぜ、こうではなく、そうするの？」などと質問する。これはその場で直接聞くこともあるし、報告やレポートの提出などの機会を利用して聞くこともある。

そうした「質問」を通じて個々の人間性や能力を見極めていくのが一番、有効な方法だ。そうやって自分が掲げた目標と部署の現状、部下の能力をすり合わせていき、部下全員のベクトルをその実現へむけて一つに束ねていく。個別のヒアリングは本当に大事である。

16　前任者のやり方を全否定しないで、いいところはそのまま引き継ぐ

見直す必要があるのは、大体全体の一割か二割

新しい部署に行くと、前任者のやり方を全否定してしまう人がいる。前任者のやってきたことは全部悪い、間違っていると思うのか、そのまま受け継いだら無能と思われるのが嫌なのか定かでないが、私の経験では自分は優秀だと過信している人に多いように思う。

それこそ、なかには「組織名」まで変える人がいる。名前を変えて業績が伸びるなら、いくらでもやればいいが、会社の経営や組織の運営というのはそんな簡単なものではない。

結論から言えば、前任者のやり方については、全否定するより、優れた点はそのまま受け継いだほうが仕事はうまくいくし、断然効率もいい。なぜなら全否定すると、それまで前任者が積み上げてきたものを一度ゼロに戻さないといけないからだ。

たとえば、前任者が部署の業績を一〇のレベルまで引き上げたとする。これを新任の人が、「これからは自分のやり方でやる」と言ってそれまでのやり方を丸ごと否定してしまったら、前任者が積み上げた分は全部なくなり、ゼロからの再スタートになってしまう。

これは大変なことで前任者の一〇のレベルにまで戻すのだって一苦労だ。だからこそ本人は「オレはここまでやった」とことさら実績をアピールするのだが、第三者から見れば、前任者の一〇のレベルまではたいてい届いていない。せいぜい七か八止まりだ。本人は業績を伸ばしたつもりでも、実際は伸びていないケースが多いのだ。

そんな無駄骨を折るくらいなら、前任者を全否定するのではなく、いいところはそのまま引き継いだほうがいい。一般に前任者のやり方で見直す必要があるのは、せいぜい一割か二割だろう。残りの八、九割はそのまま引き継げるいいところだ。

それを継承すれば、前任者が積み上げた八か九のレベルからスタートできる。仮にゼロからの再スタートで八まで戻せるなら、そのエネルギーをそこに上乗せすることで、一六とか一七のレベルまで大きく業績を伸ばせるかもしれないのだ。

だから前任者を全否定するのではなく、悪いところだけ捨てて良い芽は残す。その上に自分のやり方を乗せるようにする。これならゼロから始めなくてすむ。同じ労力、資力、時間をかけるなら、そのほうが断然ムダがなく、効率がいい。

さて、そこで大事になるのは、何を残し、何を捨てるか、前任者の良い点、悪い点の見極めである。その判断を誤ると、部署の立て直しとか、業績拡大どころではなくなる。

私はキヤノン時代、新しい部門を任されると、いつも一年ほどは、部下の仕事のやり方を見たり、ヒアリングをしたりしながら、前任者の良い点、悪い点をじっくり観察し、まずは現状把握に努めた。その上で二年目くらいから本格的に悪いところに手をつけるようにした。

もちろん、着任と同時に部署における「目標」は掲げているが、目標を達成するために部署として機能している点とこれから改めていかないといけない点を、じっくりと見極めるのだ。成果を急ぐあまり、この作業をなおざりにすると、結局は遠まわりになることが多い。

よく言われることだが、着任一年目なら、何かあっても、それは「前任者のミス」ですむ。何も急いで結果を求めることはない。その間は観察に努め、明らかに悪いところ、いらないところから少しずつ修正していけばいいのだ。大ナタをふるうのは二年目以降で十分である。

ただし、その判断は十分に慎重でないといけない。「これはダメ、いらない」と思っても、それを正しく判断するレベルに自分がないと結論を誤るおそれがある。自分の能力を過信するタイプは特に注意が必要で、下手をすると残しておくべき大事なものまで切り捨ててしまう心配がある。「捨てる順番を間違えてはいけない」とは、ドラッカーの大事な教えの一つでもある。

そこで、取捨選択の判断に迷うものについては、ひとまず結論を先送りにして観察を続けることである。最初は何となく「これはまだ必要か？　捨ててもいいのではないか？」と思っても、時間をかけて検分するうちにその重要性に気づくというのはよくあることだ。

たとえば、弊社はカメラ部品のシャッターを作っているが、私は社長に就任した当初、「これはもういらないだろう」と思った。

しかし、私はもともとカメラが専門ではない。キヤノンでは複写機などの事務機畑が長かった。その点、前任社長の田中正博さんはカメラ部門の出身で、シャッターに情熱を注いでいた。その思いに敬意を表して、しばらく様子を見ることにした。

すると、いらないどころか、弊社にとってかけがえのない商品だということがわかった。いまや弊社のシャッターは世界市場で五割以上のシェアを持つ。

就任してすぐに自分は何でも知っているつもりになって、「これはもういらない」と切り捨てていたら、この市場はなかった。拙速《せっそく》な判断を避けてよかったと思う。

自分がよくわからないことについては謙虚にそれを認めることだ。そして判断を保留し、しばらく観察を続けることである。必要であれば、その道の専門家に助言を仰ぐことも必要だろう。

間違っても素人《しろうと》判断で決めないことである。

17 自分の強みと部下の強みを、それぞれ生かして目標を達成する

能力の不足を補うために作った「技術人脈マップ」

私は一流大学を出たエリートではないから、自分の技術的な限界はよくわかっていた。優秀な人材の能力を一〇〇とすれば、自分はせいぜい六〇か七〇しかなかった。だから自分に足りない三〇〜四〇は、エリートたちの強みを借りて補おうと考えた。そうすれば、一流の人材と同じように一〇〇の能力が手にできる。

そのために私は自分専用の「技術人脈マップ」というのを作った。自分の苦手な分野である機械、物理、化学、事業計画などをカバーしてくれそうな人材を社内で探し出し、どの部署にどんな技術を持った人材がいるのか、それをリストにまとめたのだ。

そして何かわからないことがあれば、「忙しいところすみませんが」と彼らに頭を下げて教えを請うた。もちろん、その代わり、こちらが協力できることは何でも

やった。そうやって彼らと協力関係を作るようにした。

おかげで上司から何かプロジェクトを命じられたときなどは、

「この仕事をやるには、物理に詳しい◎◎課のTさんと、機械に通じた▽▽課のYさん、それに化学に精通した◇◇課のGさんが必要です」

とすぐに適任者をピックアップして、人員を要求することができた。

いろいろな分野で「できる人」を見つけ、よい関係を築いておくことは、いざというとき自分の弱みを補い、仕事をスムーズに進めるうえで大きな助けになる。

自分の弱みを知り、できる人に補ってもらう——。これは部下との関係においても基本的に同じである。一般に優れた上司というのは、自分の弱みを謙虚に認め、それをカバーしてくれる人材を上手に育てる。部下の強み、弱みを把握して、強みを発揮させるのだ。

たとえば、新製品の開発で物理の専門的な知識が必要だとする。上司のあなたはその分野が苦手だ。であれば、物理に詳しい部下を呼んで、こう言えばいい。

「今度の新製品開発にはあなたの物理の専門知識が必要だ。だから、このレベルまで勉強して力をつけてほしい。期待している」

そうすれば、部下は上司の期待に応えようと、それまで以上に勉強や技術の習得に努めるようになる。上司がわざわざ「頑張れ」などとやる気を鼓舞する必要もない。放っておいても自分で頑張るようになる。

そうやって部下を自ら成長するように仕向け、それぞれの部下の強みを生かして、設定した目標を達成し、会社の利益に貢献するのが、優秀な上司である。

それには自分の弱みを謙虚に認め、それを優れた人材の活用で補う発想が欠かせない。その意味で忘れられないのがキヤノンの三代目の社長を務めた賀来龍三郎《かくりゅうざぶろう》さんである。

あれは確か賀来さんが経理担当役員のときだったと思う。キヤノンが複写機に参入することになり、トナーの粉体《ふんたい》技術の開発などで莫大《ばくだい》な資金が必要になった。

そのとき賀来さんは、

「私は経理屋で、お金の計算と組織の運営は得意だが、技術やその展開はわからない。みなさん技術陣が、いまこれをやらないとキヤノンに未来はないと言うなら、必要なお金を集めて、みなさんが次の仕事をやるのに困らないようにするのが私の仕事だ」

そう言って資金調達に奔走、外貨建ての転換社債を発行するなどして、キヤノンの売上が七〇〇億円くらいのときに二〇〇〇億円の資金をかき集めてくれた。賀来さんがいなければ、その後のキヤノンの躍進はなかったと思う。
自分の得手不得手をよく知り、人を生かす人が名経営者となるのだ。

18　部下に「つま先立ちしたら届く」ような目標を与え、小さな成功体験を積ませる

「明確な目標」と「能力に合った仕事」を与える

管理職になると、どうやって部下を育てたらいいか、誰もが悩む。人は個性も能力も違う。一色で対応できるわけではない。ただし、基本的な原則はある。

それは、部下に対して、

①何をすればいいか、明確な目標を提示する
②そのうえで、能力に合った仕事を与える

ということだ。

仮にあなたが製造部門の課長であれば、たとえば、「○○の製造ラインの不良を半分にしよう」のように努力すべき自部署の方向性を明確に示すことである。

そのうえで最初のうちは部下の能力に合った仕事を与えることだ。具体的には子どものつま先立ちのように、ちょっと頑張れば達成できるレベルに仕事の内容を設定するのがいい。

そうすれば、「やれば自分にもできる」と自信を持つ。一カ月に一度くらいは「できました！」と言って部下が目標達成を喜べるようにするのが理想である。

最初から部下の能力以上の仕事を与えてしまうと、できないから面白くないし、下手をすると、「どうせオレは能力がない。ダメだ」と自信をなくし、潰れてしまいかねない。

最悪なのは、上司が自分の見栄や成果のためだけに無茶な目標を設定し、部下に能力以上の仕事を強いることである。たとえば、売上高前年比一五〇％という目標を掲げるのはいいが、それはほんとうに実現可能な数字なのか、ということである。

達成できない目標に意味はない。部下のことを考えもしないで、能力以上にぐいぐい締め上げられたら、部下はたまったものではないし、伸びるものも伸びなくなってしまう。

だから最初のうちは、部下の能力に見合った、ちょっと頑張ればできるレベルの仕事にとどめ、そこで小さな成功体験を積ませることだ。そうすれば、部下は必ず「やれば自分だってできる」と自信を持つようになる。それが部下を育てる基本である。

つま先立ちしたら届きそうな目標のいいところは、けっして簡単ではないから、たいてい失敗も経験できる点である。失敗は若いうちに経験したほうがいい。失敗の経験がないまま管理職になると、会社の屋台骨を揺るがすような大失敗をしかねない。

車の運転でも軽い事故を一度も経験したことがない人は、一〇年、二〇年してから人生を左右するような大きな事故を起こすことが少なくないと聞く。「無事故」の経験は、ときに過信や油断を生みやすい。

だから、若いうちはつま先立ちでチャレンジさせて、いろいろ失敗も経験させたほうがいい。そして、自分で播《ま》いた種は自分で刈り取らせる。つまり自分で尻拭いをさせる。

そこでまわりが手を貸しすぎると、いつまでたっても経験値が上がらない。自分で解決してこそ、失敗する意味があり、度胸もつく。

失敗を乗り越えた経験、修羅場の数は、のちのち管理職になったとき必ず役に立つ。

なお、失敗は自分で解決させるのが大原則だが、どうしても納期に間に合いそうにないなど、万が一のときはすぐに部下をフォローできるように、そのための手立てをあらかじめ上司がきちんと用意しておくのは言うまでもない。

19 上司が部下に与えるべきは、「緊張感」と「達成感」

課長になったら求められる「さじ加減」

上司の仕事で大事なことの一つは、部下に緊張感と達成感を与えることである。緊張感のないたるんだ職場ではいい仕事はできないし、いい商品も生まれない。その結果、「できた！」という達成感がなければなかなか部下は伸びていかない。

では、緊張感と達成感を部下に与えるには、どうすればいいか。

一番いいのはベンチマークである。具体的には、上の方針を下位展開し、部署の

目標を作るとき、ライバル社の製品などをコンペティターとし、

「私たちはいまはまだ負けているが、いついつまでには追いつき追い越そう」

と期限を設定して追撃態勢に入るのである。

その際、ポイントになるのが、適切なコンペティターの設定である。あまりにも競争相手のレベルが高すぎると、いつまでたっても追いつけず、達成感が得られない。かといって簡単すぎる相手では、すぐに追いついてしまって緊張感に欠ける。

そのあたりのさじ加減が大事で、最初のうちは前項でも述べたように、つま先立ちすれば達成可能なレベルの相手をコンペティターとし、ベンチマークするのがいいと思う。

ただし管理職が、功名心などから数字を出したいと焦ると、どうしても目標を高く設定しがちなので、注意が必要である。

たとえば、弊社でこんなことがあった。

ある工場が、不良を減らすために一〇ｐｐｍ（※ parts per million ＝一ｐｐｍは一〇〇万個に一個の不良を表す、不良率）という数値目標を打ち出した。当時、その工場の不良率は一五〇ｐｐｍを超えており、その目標はどう考えても無理があった。

なぜ、そんな高すぎる目標にしたかと言えば、弊社の他工場が五〇ｐｐｍを目標にしているのを見て、「それならうちの工場は一〇ｐｐｍを目指そう」と大風呂敷《おおぶろしき》を広げてしまったのだ。

ベンチマークの対象となった他工場は、すでに一〇〇ｐｐｍをクリアしており、五〇ｐｐｍの目標は、頑張れば何とかなるつま先立ちの数字だった。

つまり過剰な対抗意識から、一五〇ｐｐｍもクリアしていない工場が、どう考えてもすぐには達成不可能な一〇ｐｐｍなどというとてつもない目標を掲げてしまったのである。

他工場をコンペティターとして、「あそこに負けないように頑張ろう」というのはいいが、自工場の機械の性能や社員の技量などをよく考えもしないで実現可能性のない目標を打ち出したところで何の意味もない。そんなものは会社のためでもなければ、部下のためでもない。自分の虚栄心を満たすためだけの空疎《くうそ》な数字に過ぎない。

そんなことで能力以上の作業を求められても部下は困ってしまう。いくら頑張っても成果は上がらず、一方で過重な緊張感ばかり強いられる。これでは部下はつらいだけで、職場に行くのが嫌になる。それこそ、下手をすれば、潰れてしまう。

そこでこのときは、「まずは一〇〇ppmを目指すべき」とつま先立ちすれば達成可能な現実的な目標に改めてもらった。

大事なことは、そうやって現実的な目標、コンペティターを設定し、適度な緊張感で仕事に臨み、小さくてもいいから部下に達成感を味わってもらうことだ。

それを繰り返すことで――つまり、緊張感と達成感の両輪を回し続けることで――部下は成長し、部署の数字も伸びていく。

小さな成功体験が人も部署も成長させるのだ。

20　一番わかりやすいリーダーシップは、自分でやってみせること

課長はプレイヤー兼務で部下に範を示す

管理職向けのビジネス書などを見ると、よく、「課長になったらプレイングマネジャーにはなるな。マネジメントに徹すべし」などとあるが、それは現実とは違うと思う。

管理職の仕事の両輪は、前にも述べたように「リーダーシップ」と「マネジメント」である。上の方針を下位展開し、自分の目標を掲げ、先頭に立つ。そして部下に適切な指導や管理を行い、部署の業績を伸ばし、会社利益に貢献する――。これが管理職の務めである。

管理職の仕事で一番大事なことは、まず「私はこれがしたい。だからみんなついてきてくれ」と部署の旗を掲げることである。それがあって初めて部下の指導も管理も生じる。その意味では両輪のうちどちらがより大事かと言えば、明らかにリーダーシップであり、リーダーシップなきマネジャーなど、本来、あり得ないと思う。

実際、課長職の場合は、管理職といっても、プレイヤーを兼務し、部下に範を示さないといけないことが多い。マネジメントだけやっていればいいなどという人は現実にはほとんどいないのではないかと思う。

課長職の場合、リーダーシップが一番問われるのは、部下が失敗し、それを自分で解決できないときである。こんなとき課長は、ただちにそれをフォローし、最短コースで解決してみせないといけない。

それができないと課長自身の能力、管理責任が問われるし、部下の信頼も失う。「課長は難しい課題をやらせるだけやらせて、失敗したら知らんぷり。助けてもくれない」、そう思われるに決まっている。

逆に、難しいことにチャレンジさせて、失敗し、たとえ自分で尻拭いできなかったとしても、最後はちゃんとフォローしてくれるとなれば、部下は上司を信頼する。

それには、部下に仕事を振ったら、失敗の可能性をあれこれ想定し、どのような事態に至っても、短時間でリカバーできるようにあらかじめ策を準備しておく必要がある。そうやって部下が橋から落ちても大丈夫なように、その下にもう一本橋をかけておくのだ。

「やってみせ、言って聞かせて、させてみせ、褒めてやらねば、人は動かじ」とは山本五十六《いそろく》の名言だが、それはまさしく真理であって、いざとなれば、部下に範を示せない上司では使いものにならない。だからこそ、まずは自分の実力が大事になるのだ。

3章

指示と報告を徹底する

——会社の未来を左右する「マネジメント」の要諦

21 正しい「指示」と「報告」が、会社の未来を左右する

報告を怠る部下、「はい」と安請け合いする部下は要注意

弊社にはこんな標語がある。

「正しい指示と報告は会社の未来（あす）を左右する

今こそ変革（かえ）よう！　みんなの意識」

なぜ、このような標語を掲げているかというと、上司が正しい指示を出さないと、部下は正しい行動が取れない。一方、部下から正しい報告が上がってこないと、それをもとに判断した上司は、やはり正しい指示が出せなくなる。悪循環に陥ってしまうのだ。

正しい指示と報告は、どちらが欠けても一大事になりかねない、まさに組織を動かし、会社の未来を左右する大事な両輪なのである。この両輪が正しく機能しないと、伝えたはずのことが伝わっていなかったり、情報が不十分なまま大事な判断を

強いられるなど意思疎通に思わぬ齟齬《そご》、行き違いを来すことが少なくない。

　こうしたコミュニケーション不足は、仕事に大きな支障をもたらすおそれがある。我々のようなメーカーで一番怖いのは、それが部品などの「不良」となって現れることだ。情報伝達や意思の疎通が密でないと、たとえば設計で思わぬミスが発生したり、それがすぐに製造現場に伝わらなかったりして、やらずもがなの不良の原因になることが多いのだ。

　あるとき部品の生産量を下方修正することになり、製造部門の担当者にその確認を求めた。すると驚いたことに、「指示したのでやっているはずです」と言う。たんに指示しただけの言いっぱなしで、実際に指示が現場に届いたか確認していないのだ。大丈夫かと心配になり、急いで現場に確認させたところ、案の定、指示が伝わっておらず、危うく大量の不良在庫を抱えるところだった。

　思い込みはコミュニケーションを阻害する一番の元凶《げんきょう》である。いくら本人が「伝えたから、やっているはず」と思ったところで、それが現場で実行されていなかったら意味がない。上司が「こうしなさい」と指示したら、部下はその結果を報告する義務がある。その報告が上がってこなければ、「やっているだろう」と勝手に思い込むのではなく、指示した件はどうなったか、必ず部下に確認しないといけない。

それが鉄則だ。

不良の原因の九九％は、そうやって一言確認すればすむことをしないなど、明らかにコミュニケーション不足にあると私は思っている。コミュニケーション不足が原因の不良は失敗とは言わない。ただの「手抜き」である。失敗はチャレンジの結果だが、手抜きはたんなる怠慢、横着、無責任にすぎない。

私は部下に指示を出したら、それがちゃんと一番下まで伝わっているか、必ず現場に行って確認する。そしてもし伝わっていなければ、下から上に辿《たど》って行き、どこで指示が止まったのか明らかにし、その責任を問うことにしている。

指示と報告に関してもう一つ大事なことは、上司の指示に対して「はい。わかりました」と部下が言えば、それは「約束」であり、必ずやらせるということだ。「はい」と言っておいてやらないのは約束違反であり、そういうことを簡単に許してはいけない。

もし、できないなら（わからないなら）、「できません（わかりません）」とその場で言うように部下を指導すべきである。そうしないと、「はい」と言いながら、納期間際になって「やっぱりできません」と言い出すなど約束を反故《ほご》にするのが癖になる。

だから、指示に対してはきちんと報告させるとともに、「はい」と言ったらやる、できないことは「できません」と言うように指導を徹底することである。さもないと、大事なところでとんでもない大ポカをやらかして、上司の立場を危うくしかねない。

報告を怠る部下、「はい」と安請け合いする部下は要注意である。

22　「指示＝部下にメール」という上司が会社を潰す

メール依存は「人間関係力」を弱める

コミュニケーションの目的は協働、つまりコラボレーションにある。組織というのは一人ひとりが心を通わすことではじめて、総体としてみんなで効率よく知恵を出し合い、目標を達成できる。心の通わない組織では気持ちを一つにした共同作業はできない。

メーカーであれば、その象徴は「不良」であり、コミュニケーション不足はその温床である。このため弊社では心を通わせるコミュニケーションを「通心《つうしん》」と名付け、その充実に努めている。基本はフェイスツーフェイスの挨拶《あいさつ》にある。かつては弊社でもこれができていなかった。そこで「朝の挨拶運動」を始めた。人は一声「おはよう」と挨拶を交わすだけで互いを隔てる心の垣根《かきね》をかなり低くすることができる。挨拶の習慣が広がるにつれて社内の通心は劇的に改善し、不良も激減した。

たとえば、それまで製造現場では、自分の作業工程で何かしら気になることがあっても、それをなかなか口に出すことができず、「いいのかな……」という思いを抱えたまま次工程に流す社員もいた。それが不良の一因になっていた。

ところが、挨拶を始めたことで心の垣根が下がり、思い切って「これ大丈夫かな?」と周囲の同僚に聞けるようになった。その結果、それまでなら不良の発生につながっていたであろう事態を未然に防げるケースが増えたのだ。不良が減れば、その分、利益が増える。たかが挨拶、されど挨拶なのだ。

この挨拶の事例は、フェイスツーフェイスのコミュニケーションがいかに大事か、雄弁に語るものだが、逆に言えば、そうやって顔の見える通心を意識しないといけないほどにフェイスツーフェイスのコミュニケーションが減っているとも言える。

それを象徴するのは、パソコンや携帯、スマートフォンによるメールである。メールは相手の都合を気にせず、いつでも送れるから確かに便利ではある。特に面と向かっては言いにくい用件などはメールですませたほうが、お互い気が楽な場合もある。

しかし、一方でメールには、依存しすぎると、「人間関係力」が弱まり、いろいろな人を自分の仕事に巻き込めなくなる、という致命的な問題もある。

先日も弊社でこんなことがあった。

ある管理職が、なかなか仕事が進まないので、本人も面識のある、ある会社の役員のことを私が思い出し、助け舟のつもりで「○○さんに連絡して協力を依頼しましたか?」と尋ねた。すると、「していません。何とか自分で頑張ります」と言う。

しかし、ほんとうに自分で何とかなるならいいが、実際には何ともならないから仕事が進んでいないわけで、私は「とにかく頼んでみなさい」と言った。彼も「わかりました」と言うので、しばらく様子を見ていたのだが、一向に報告がない。

そこで、「○○さんの件はどうなりましたか?」と聞くと、「連絡したんですが、協力してもらえませんでした」と言う。

「連絡はどのようにしたんですか?」

「メールを送りました」

「えっ、メールだけですか？」

「はい」

「……」

こんな上司ばかりだったら、会社はたちまち潰れてしまうだろう。

人間の親しさは、会っている時間に比例する（単純接触の原理）。人は接触の頻度や回数が多いほど親密さが増し、仕事はうまくいく。これは人間心理の不変の法則である。

ところが、メール依存度が高くなると、この事例のように、フェイスツーフェイスのコミュニケーションを取るのが億劫《おっくう》になり、人に頼みごとをするときでさえメール一通ですまそうとする。相手の立場に立ったとき、「それであなたはやっかいな頼みごとを引き受けますか？」という話なのだが、そんなことすら、わからなくなる。

こうなるともはや人間関係力は、ほとんどゼロだ。

最近は同じフロアにいながら、部下にもメールで指示を出し、報告を求める管理職もいるという。メールは、受信件数が多いと、下手をすると見逃す可能性があるし、送信者の日本語が正しくないと、誤った指示として部下に伝わる可能性もある。

メールでは正しく指示は伝わらない可能性がある、そう考えるべきだ。

指示は直接会って伝えるのが大原則であり、それが無理なら電話で行う。メールは面談や電話が無理な場合の最後の手段にすべきである。

そうやってとにかく向き合って話す。フェイスツーフェイスのコミュニケーションを習慣にし、何かあれば、すぐに取引先やお客さんのところに飛んでいけるようにする。そうすることで人間関係力は鍛えられ、自分の仕事に人を巻き込めるようになる。

メールばかりやっていたのでは、そうした人間関係を築くのは難しい。

23 「だろう」「だと思います」と報告する部下が会社を潰す

「臆測でものを言う部下」には、徹底的に調べて確認させる

部下の報告で捨て置けないのは、「〜だろう」「〜だと思う」「〜と担当者が言っています」などの臆測、伝聞、希望的観測の類《たぐい》である。そういう曖昧《あいまい》な発言をもと

に物事を進めると、あとでとんでもない失敗をすることが多いからだ。

たとえば、上司が指示した「部品の全数検査」について、部下から「現場に指示したのでやっていると思います」という報告があったとする。

その瞬間、私はこう言ってその部下を追い返すだろう。

「〝～だろう式〟のいい加減な報告なら聞きません。〝～です〟と断言できるように、よく調べて、確認してから出直してくるように」

「やっています。明日には終わります」とか、「すべて終わりました。問題はありませんでした」、そういう報告ならいいが、「やっていると思います」では実際に全数検査が行われたかどうかわからない。それは希望的観測にすぎないのだ。

そんないい加減な報告を真に受け、現場の確認を怠り、放置すれば、ある日突然、大量の「不良」が発覚し、莫大な損失が発生するかもしれない。

「～だろう」の臆測発言は、だから絶対にダメなのである。

臆測でものを言う部下は要注意で、もし「～だろう」式の報告があったら、

「それは確かですか、自分で確かめましたか、裏づけはありますか」

と必ず確認しないといけない。そして紛れもない臆測発言であれば、自信を持って「～です」と言えるようになるまで徹底的に調べて確認させることである。

これをしないで、曖昧で無責任な報告を許すと、部下だけでなく、上司も曖昧でいい加減な存在になってしまう。そうしたいい加減な空気を放置すると、やがて無責任体質が全社に蔓延《まんえん》しかねない。「〜だろう」式の希望的観測は組織を危うくするのだ。

このため弊社では、「〜だろう」式の表現は報告でも会議での発言でも厳禁である。会議では、場合によっては会議室から出て行ってもらうこともある。

そのくらい徹底して自分の報告、発言には責任を持ってもらわないといけない。それには一手間を惜しまず、必ず自分で確認をする習慣をつけさせることである。それが「〜だろう」式の臆測発言を封じる何よりの方策である。

24　AかBか、Y字路に差しかかったときに、自分の意見を決めて、報告する習慣をつける

部下は途中経過を報告し、上司を巻き込む

報告には上司が喜ぶタイミングというのがある。それは、部下の仕事がY字路に

差しかかり、A、B、どちらに進むべきか、迷ったときである。

上司は経験上、「あの仕事ならそろそろ迷う頃だな」とある程度、部下の仕事の進捗状況が読める。それはその仕事をやり遂げるうえでの、いわば、難所であり節目の一つだ。

そのタイミングで途中経過を報告してくれると、上司は安心できるし、間違いのないように部下を正しい方向へ導くことができる。

部下のあるべき正しい報告は、たとえばこうだ。

「○○の件で、そろそろ▽▽を外部に発注しようと思うのですが、いろいろ調べたところA社とB社が大手で、市場の信頼が高いことがわかりました。今度のうちの企画であれば、過去の実績からみてA社がいいと思うのですが、どうでしょうか」

ポイントは、

①選択肢を示し
②理由を添えて自分の意見を述べ
③上司の判断を仰ぐ

ことである。

自分の意見を言わずに、

「A、Bどちらがいいでしょうか」

と聞く部下がいるが、それでは報告の意味がない。

上司が部下に報告を求めるのは、仕事の進捗状況を把握するのはもちろんだが、もう一つ、部下の意見が聞きたいからだ。

だから、意見のない報告に対しては、

「あなたはどう思うんですか？」

と指導して、改めさせる必要がある。

実際、自分の意見を述べたうえで上司の判断を仰ぐ部下に対しては、適切な指導もできるし、あるべき方向性を示すこともできる。

先のケースであれば、たとえば、

「B社には古い友人がいて無理がきく。実績もA社とそうは違わない。紹介するから一度会ってきなさい」

そんなふうに助言もできるのだ。

ところが、そうした報告を一切しないで、「あの件はA社にお願いしました」と勝手にことを進めるような部下もいる。このタイプは先々何をしでかすかわからない。「Y字路に来たら必ず報告するように」と繰り返し指導することである。

部下は上司に報告することで責任が解除される。節目節目できちんと報告し、承認を得ておけば、その後、何かあっても責任は上司が負うことになる。失敗しても上司がかばってくれる。上司を巻き込めば、責任を上司に預けられるのだ。

だから迷ったらすぐに上司に報告し、承認を得るのを習慣にすることだ。

そして、それを上司も部下に促す。そうすれば、

「俺は聞いてないぞ！　何でもっと早く言わなかったんだ！」

などという報告を巡る悲惨な状況は生まれないはずだ。

25 上司の指示を「オウム返し」する部下は要注意

〝テープレコーダー部下〟では意味がない

人事は難しい。「周囲の評判がいいので昇進させたら、全然使えず往生した」と

はよく聞く話だ。私の経験では上司の指示を「オウム返し」する部下は要注意だ。

こんなことがあった。ある高偏差値の大学出身者が管理職になった。お客さんに商品説明などをやらせると抜群にうまく、「御社には優秀な人材がいて羨ましい限りです」などと外部からも言われるほど評判のいい人物だった。

それで周囲は優秀と思い、昇進させたのだが、いざ一つの部署を任せてみると、さっぱり成果が出ず、まもなくその部署はボロボロになってしまった。

なぜかと思い、改めてその人物をよくよく観察してみると、どうやら上司の指示内容が実はよくわかっていないのではないか、ということが見えてきた。特徴的だったのは、上司が「これはこうしてこのようにしてください」と言えば、「これはこうしてこのようにすればいいわけですね」とまるでテープレコーダーのように応答することだ。

それは一見すると、上司の言葉を復唱し、丁寧に確認しているように見えるから、上司は当然理解したと思い、安心して任せるのだが、実際にはその指示内容は一切その人物から下へは伝わっていなかった。意味のわからない英文をオウム返しで読んでいるのと一緒で、結局、何を指示されたのか、理解できていなかったのだと思う。

上司から言われたことがわからなければ、それをどうやって部下にやってもらえばいいか、考えようがない。だから、自分のところに留め置いたまま一切下にも指示が出せていなかった。

このタイプは高学歴で、昇進する前の評判も概していいことが多い。失敗しても言い訳が巧妙で、それなら仕方がないなと、つい上司も納得するような理由を用意する。先の人物もそうだった。それで疑念を感じつつも、三回、四回と上司はチャンスを与え続けた。また大きな会社だと周囲のフォローも期待できる。だから意外とボロが出ない。

このため事前に正体を見抜くのはなかなか難しい。報告やレポートなどの機会を利用して、オウム返しの〝テープレコーダー部下〟かどうか、早めに判断するようにしたい。

上司の指示をきちんと理解し、正しく実行しようとする人は、そもそも「ここがわからないのでもう一度説明してください」と必ず疑問点を聞いてくる。一〇〇%理解して仕事をやろうとする。それだけ自分の仕事に誠実であり、こういう質問をする人は必ず伸びていく。

その意味では上司に対する質問は〝テープレコーダー部下〟かどうかを見極める

大事なポイントの一つだ。有力な判断方法が実はもう一つあるが、それは次項で述べる。

なおオウム返しに類似する要注意タイプとして「メモ魔」の部下も指摘しておきたい。メモを綺麗《きれい》に取るだけで、すっかり仕事をした気になってしまうタイプで、たぶん受験のときも勉強の内実よりノート作りに熱中したクチではないかと思う。

このタイプは会議でもやたらメモを取るが、そんなのに限って二ページも三ページも書きながら、肝心要のことを書き忘れたり、覚えていなかったりして、会議でやるべきこととして決まったことがちっとも実行できなかったりするものだ。

ちなみに私の場合、会議のメモは翌日かその次の日くらいに書くようにしている。時間をおいても覚えていることがほんとうに大事なことで、それなら一〇行もあれば足りるからだ。

大事なのはメモを取ることではなく、実行することだ。それを忘れてはいけない。

26 部下に指示を復唱させた後、「要点はどこだと思う?」と質問する

上司の指示の眼目は何なのか、部下に考えさせる

部下に指示をきちんと伝えるには、どうすればいいのだろうか。

一番いいのは、指示した内容を復唱させた後に、こう質問する方法だ。

「いま指示した内容の一番大事なポイントは何だと思いますか? 要点はどこだと思いますか?」

そうすれば、部下がどれだけ理解しているか、確認できる。

前項でオウム返しの〝テープレコーダー部下〟について述べたが、復唱させるだけでなく、こうやって「要点はどこだと思う?」と質問を投げれば、たんなるオウム返しかどうか、だいたい判断がつく。

つまり、この方法は、部下に指示をきちんと伝えるだけでなく、〝テープレコーダー部下〟かどうかを見極める有力な手段でもあるのだ。

もちろん、毎回毎回、この質問を部下にする必要はない。

普段からオウム返しが多い部下や、指示が伝わりにくい部下に、とくに集中して行えばいい。あるいは、優秀な部下であっても、少し難しい仕事や新しい仕事を指示するときには、確認のためにこの質問をするのは有効な手段だ。

人は言われるだけでは頭に入らないことが多いが、質問されることで「自分のことという当事者意識」にスイッチが入ることが多いのだ。

課長の大事な仕事は、部下に正しく指示を伝えて、正しく動いてもらうことだ。その意味で、仕事の入口である指示の伝え方は極めて大切である。

きちんと指示を伝えるには、復唱させると共に要点を質問する――。

忘れてはいけないポイントだ。

27 「この仕事のどこに力を入れましたか」と聞いて、「全部です」と答える人はダメ

中途採用で人を見抜くポイント

中途で人材を採用する場合、一般に採用側の判断のポイントは、

①資質（実績、能力）
②意欲（志望動機、熱意）
③人柄（適応力）

といったあたりだと思う。
なかでも最も重視されるのは、言うまでもなく資質の面だろう。
では、応募者の資質を判断するには、どうすればいいのだろうか。
私は昔から、そのためのカギを握る大事な質問を用意している。それは、自分が

過去にやった仕事について説明してもらうもので、具体的にはこう尋ねる。

「この仕事であなたがやったところはどこですか？　どこに力を入れましたか？」

そして、それについてどういう考え方で取り組んだのかを説明してもらうのだが、

「すべてに力を入れてやりました」

と言って、その理由を滔々《とうとう》と語るような人は、まず採用しない。

なぜなら、この質問は「セールスポイント」について尋ねているものであり、それが全部ということはあり得ないからだ。機械設計であろうと、たとえば本のような商品であろうと、いい仕事には必ず「売り」があるものだ。それが設計なり本なりの肝であり、それがないものはいい仕事とはいえないし、売れるものにはならない。

だから、「すべてに力を入れてやりました」というのは、その仕事に実際には主体的に関わっていないから細部を語れないか、関わっていても「売り」を考える仕事ができていないかのどちらかであり、結局、中途採用に求められる即戦力とはいえない人材ということになる。

「あの商品の売りであるあの機能は私がこういう理由で考えました」

そのように自信を持って言える人なら、まず間違いない。

28 「良くない情報ほど早く報告しろ」と、くどいほど言い続ける

報告が遅れるほど、リカバリーは大変になる

しばらく前にこんなことがあった。新聞社から頼まれてある業界団体で講演をすることになった。ところが、講演前夜になって、弊社の窓口になっている担当者から「実はこんなものが届いてまして……」と一通のメールを見せられた。聞けば一〇日ほど前に私に宛てて届いたものだという。一読するなり、その担当者を叱《しか》りつけた。

「こんな重要なメールをなぜいままで見せなかったんだ！」

そこには翌日講演する業界団体を中傷し、私を脅迫する文面が連ねてあった。あの団体は常習的に賭けゴルフをしている札付きの団体である。あなたは本も出し、いろいろなところで講演もし、大変立派なことを言っているが、こんな札付きの団体で講演するということは、あなたも同類である。講演は中止したほうがいい。

さもないとあなたの将来がなくなるかもしれない。よく考えることだ――。

その団体の名誉のために言っておくが、賭けゴルフといっても社会通念上、指弾《しだん》されるような事実は一切なかった。たまたまその団体の職員がゴルフコンペの案内状のコピーを落としてしまい、そこに名前入りの優勝予想があった。それを運悪くその筋の人間に拾われ、「こんなものが世間に出ては困るのでは」と買取を要求された。

それを毅然《きぜん》と拒否したところ、その方面の雑誌にあることないこと書かれるなど中傷攻撃が始まった。私への脅迫メールも、講演を中止に追い込み、その団体をいじめるのが狙いだったのだと思う。

とにかく、そんな重要なメールを一〇日も自分で抱え込んだ挙げ句、よりにもよって講演前夜に「実は……」と持ってきたのである。

「今日の明日で、いったいどんな手が打てるというんだ！」

私は担当者を叱った。その団体が悪いわけではないから、講演を断るという選択はない。とすれば、団体や会場の関係者の安全も考え、会場周辺の警備は必須なので、その確認をして、幸い何事もなく講演を終えることができた。

しかし、これは結果オーライであって、下手をすれば、どんな事態に巻き込まれたかしれないのである。報告の大原則は「悪い情報、よくない情報ほど早く上げる」ことだ。それこそ先にも述べた山路さんなどは「成功した自慢話はいいから、失敗をすぐに報告しなさい」というのが口癖だった。その原則を出すまでもなく、この事例は最悪のケースである。

普通、そのように剣呑《けんのん》なメールが社長宛に届けば、

「大変です！　こんなものが届きました！」

と誰だって報告のためにすっ飛んでくるだろう。それが普通の判断というものだ。そもそも前にも述べたように、部下は報告することで責任が解除されるのであって、報告しないで抱え込んでいれば、その責任を負わなければならない。報告したほうが楽なのだ。

にもかかわらず、なぜかそれができない人が幹部クラスにもいる。「上司を煩わすまでもない、自分で解決できる」、そう思うのかどうか知らないが、「悪い情報ほど早く」と何度言っても同じことを繰り返す。結局、性格の問題が大きいのかもしれない。

しかし、責任のある立場に置く以上は、性格だからですますわけにもいかない。「悪い情報ほど早く」とくどいほど言い続けることだ。それでも同じことを繰り返

す場合は、管理職から外すしかない。

29 年上の部下、外国人の部下、対応の基本は変わらない

「さん」付けで呼べば問題なし

課長になって、年上の部下や外国人の部下との接し方で悩む人もいるだろう。しかし、何も難しく考えることはない。仕事は年齢や性別、国籍ではなく能力でするものだし、会社は職制で動くものだ。だから上司と部下と割り切って接すればいい。

呼び方は年上、年下関係なく「さん」付けにするのが無難だ。年上の部下にも「さん」付け、年下の上司にも「さん」付け。それで問題ない。

いくら上司であっても年上の部下に「君」付けはないし、たとえ年長でも年下の上司に「君」付けはまずい。年下上司への「さん」付けに抵抗があるなら、役職名で呼べばいい。基本はすべて「さん」付けだ。

私が若い頃のキヤノンは、職制で呼ぶと怒られた。たとえば、賀来さんのことを「賀来社長」と呼んだのでは返事もしない。「誰だ、それ?」と横を向いてしまう。それで「賀来さん」と呼ぶと、「おお、なんだ?」と返事をする。

当時、副社長だった山路さんも「山路副社長」と呼ぶと、「そんな人知らない」と相手にしてくれなかった。だから会長も副会長も全部「さん」付けだった。

そんな上下を取っ払った社風の会社だったから、年上の部下だろうが、年下の上司だろうが、呼び方はすべて「さん」付けだった。実はこれに最初はどうにも馴染《なじ》めなかった。

そこで、私のことを「酒巻さん」と呼ぶ山路さんに、「『さん』付けはやめてくれませんか。なんかこそばゆくて気持ち悪いんです」と頼んだことがある。すると、『君』のほうがいいのか?」と言うから、「そうですね、やっぱり『君』のほうがいいですね」と返したら、「でも、お前だけ『君』にして、ほかは『さん』だと何か差別しているようじゃないか。みんなが『君』にしてくれって言うぞ。そうしたら面倒だろ」と言う。それで、「じゃあ、いいですよ」と「さん」付けのままになった。

私は案外早く管理職になったので、年上の部下が多かった。なかには「自分のほうがキャリアもあるのに、何でお前のようなぽっと出のやつに……」と不貞腐《ふてくさ》れた態度を取る人もいた。

しかし、上司と部下の関係は、職場のものであり、仕事をするためのものだ。そこでのモノサシは能力、役割であり、年齢は関係ない。無論、性別も国籍も関係ない。

立場の上下は、そのまま職場における評価の違いである。年長だからと年上部下に配慮したのでは他の人とのバランスを欠く。上司と部下と割り切ることである。

30 部下には小さなルールこそ徹底して守らせ、一罰百戒の態度で臨む

一人のルール違反が、会社を潰すこともある

昨今、名門企業でコンプライアンスを巡る事案が相次ぎ、世間を騒がせている。コンプライアンスとは本来、法令の遵守《じゅんしゅ》を基本として倫理に基づき行動することである。倫理を欠いたまま、「コンプライアンス＝法令遵守」ととらえてしまうと、

法令違反さえしなければ、何をやってもかまわないとなりかねず、下手をすると、法の不備を突いた脱法行為に走るおそれがある。

その結果、顧客のみならず、広く世の中に不利益や迷惑が及ぶことになれば、たとえ法令違反はしていないとしても、社会的な存在である企業としての倫理や責任を問われるのは必定《ひつじょう》である。会社はたちまち信用を失い、致命的な痛手を被《こうむ》るだろう。ほんとうに大事なのは「倫理」なのだ。

ここで言う倫理とは、たとえ法に明記されていなくても、人に迷惑をかけない、騙《だま》さないといった当たり前の道徳的観念である。これを確かな企業風土とするには、社会人として当然身につけるべき世の中のルールや倫理を、新入社員のときからきちんと教えることである。課長は自ら範を示し、その先頭に立つべきだ。そうすれば、法令があろうがなかろうが、人の道に外れたことはしなくなる。

そのために弊社ではルールの厳守を徹底して行っている。

たとえば弊社はタバコ厳禁である。社会常識として副流煙は周囲の迷惑になるし、受動喫煙による発がんリスクの問題もある。工場のクリーンルームなどで吸われると不良に直結する恐れもある。それこそ火事でも出せば、自社の莫大な損失はもとより、周辺地域にどれだけ迷惑をかけるかしれない。

また弊社の工場では髪の毛の色は茶髪でも何でもかまわないが、ズボンをずり下ろしてはく「腰パン」は厳禁である。髪の色は何色であっても従業員の安全にかかわったり、不良の原因になるわけではない。しかし腰パンは違う。ズボンのダブつきたところが機械に巻き込まれて命を落とす危険があるのだ。だから厳しく禁じている。

すべての規則はこのように「目的」が明確でないといけない。目的のない、社員を縛るためだけの規則なら作らないほうがいい。

またルールを作るときは、厳守を促すために必ず「罰則規定」を設《もう》ける必要がある。たとえば弊社には駐車場における前向き駐車というルールがある。弊社は環境経営を推進しており、その意識付けの一環として駐車場の植栽を排ガスから守るのが目的である。この前向き駐車に関しては三回破ると解雇という罰則規定が設けられている。先ほどの腰パン、禁煙も三回破ったら解雇の対象になる。

この話をすると、多くの人が「それはいくらなんでも……」という反応をする。しかし、仕事をするうえではもっと大事な守るべきルールがいくらでもある。たとえば、もの作りで言えば、国内外の環境規制。もしこれを設計者が一つでも無視すれば、完成した商品は売り物にならず、莫大な損失が出る。下手をすれば会社が潰れてしまうかもしれない。

一事が万事で、禁煙や腰パン、前向き駐車程度のことが守れなくて、そうした大事なルールが守れるのか、という話なのだ。だからこそ、たとえ小さなルール違反であっても「一罰百戒」の厳しい態度で臨むことにしているのである。

小さなことが引き金になり、やがて予想もしなかった大変な事態が起こることを「バタフライ効果」と言うが、そうした小さなルール違反が露見《ろけん》せず、咎《とが》められることもないと「バレなければいいや」と倫理観が麻痺《まひ》してしまい、やがて法令違反や脱法行為が当たり前になってしまう。こういう企業風土が醸成されてしまうと、巨額の背任や粉飾決算などとんでもない背信行為に手を染める人が出てくるのだ。

だから、新入社員のときから小さなルールこそ徹底して守らせ、当たり前の社会常識、倫理観を身につけさせる。そうすれば、コンプライアンスなどといちいちうるさく言わなくてもちゃんと法令を遵守し、人さまに迷惑をかけない企業活動ができるはずだ。

31　会議は「通心」のための必要悪。できるだけ短くする

実のある会議にするための五つのルール

私はキヤノンにいた頃、欧米で仕事をする機会がずいぶん多かったが、あちらの会議は概して短い。会議はもともとそれ自体が生産的なものではなく、共通理解を得るための必要悪だという感覚があるからだと思う。

しかし一方で、最近はインターネット社会が進み、何かというとメールですます風潮があるから、短時間で結論が出る効率のいい会議は、「心を通わせるコミュニケーション＝通心」の場として、これまで以上に重要になっているとも言える。

そこで弊社では、ムダな会議を一掃し、時間を有効活用するため、さまざまな施策を講じている。たとえば、社内会議では椅子を使用しない「立ち会議」もその一つ。椅子をなくせば、いつまでも立っているのは嫌なので、自ずと議論は活発になる。立ち会議にしたことで、誰もが率直に議論し、素早く結論を出そうと考えるよ

うになり、大幅に時間が短縮できるようになった。

また、オフィスや工場には思い立ったら、すぐに打ち合わせができるように「立ち会議」用の小さなテーブルがあちこちに用意してある。社員一人ひとりに活発な通心を促すための仕掛けの一つである。

このほか短時間で実のある会議とするためのルールとして、

①目的を明確にする
②一会議一テーマとする
③資料の持ち込みは禁止とする
④臆測や伝聞発言は禁止とする
⑤議事録を作成し、参加者のサインを取る

などを定めている。会議を行う際は、目的を明確にし、あらかじめそれを参加者に周知する。また集中力には限界があるから二つも三つも議題は用意せずに、一つとする。

資料は必ず事前に配布し、目を通しておいてもらう。そして当日は会議に集中できなくなるので持ち込み禁止とする。

無責任な「〜だろう」式の臆測や伝聞発言も厳禁である。その手の発言をもとに議論を進めると、結論も必ずいい加減なものになってしまう。

議事録の作成も重要である。会議終了後、速やかに参加者に回覧してサインをもらう。これにより決定事項の確認と実行を促すとともに、負うべき責任も明確にできる。

課長となって会議を主催するようになったら、効率的かつ、有効な会議を心がけてほしい。

32　新しい部下の家族構成や、その地域のことを自分の足で把握する

マネジメントは部下を知ることから始まる

新任の上司として新しい部署でいい仕事をするには、部下のことをよく知っておく必要がある。そこで私は、異動が決まると、いつも決まって、まずは人事から新

しい部下に関する情報をもらい、どういう経歴を持っているのか、どこに住んでいるのか、家族構成はどうなっているかなど、基本的なことを頭に入れるようにしてきた。

そのうえでキヤノン電子の本社がある埼玉県の秩父《ちちぶ》のような初めての土地に赴任する場合は、少しでも早くその地域のことを知る意味もあって、部下の住んでいるあたりを実際に自分の足でよく歩いた。

そうすると、街並みをぶらぶら歩きながら、たとえば、「なるほど彼はこういうところで生まれ育ったのか」というのがリアルに感じられて、人物を理解する助けになる。

また、そうやって散歩がてら、あちこち歩いていると、自然と地域の人たちとの交流もできる。秩父ではそうして知り合った年配のご婦人方に集まってもらい、秩父についてあれこれ教えてもらう食事会を定期的に開いたりもした。

都会と違って田舎は狭いので、そういうご婦人方と話していると、

「そう言えば、○○さんとこの次男坊は、キヤノン電子じゃなかった?」

「△△さんとこの上の娘もそうだよ」

などという話がポンポン飛び出す。ご婦人方のおしゃべり好きは世界共通である。

あえてこちらが聞かなくても、実にいろいろな話を教えてくれる。それこそ人事部も知らないような話がいくつも聞けた。

新任上司にとって真に重要となるのは、新しい部下に何か問題を抱えている者はいないか、という観点からの情報である。たとえば、家族が入院している、老親の介護が大変だ、子どもが非行に走って家にいつかない、借金を抱えている……、そんな情報である。

何かしら問題を抱えた社員は、どうしても仕事に身が入らない。ミスも増える。そんなとき事情がわかっていれば、たとえば、折に触れて、「いろいろ大変だろう。なるべく残業しないで早く帰りなさい」などと上司として配慮することもできる。

逆に一切事情を知らなければ、「何つまらないミスをしてるんだ。たるんでるぞ！」と叱ることしかできないかもしれない。それではさらに大きなミスをしかねない。

最近は個人情報の保護が厳しく問われる風潮だが、少なくとも課長になったら部下の基礎的な情報は仕入れておきたいところだ。部下のことをよく知っているかどうかで、マネジメントのありようは天地の差が出てくるのだ。

4章

上位五〇%の人材を集中して鍛える

——能動的に動ける部下の育成法

33　一番大事にしないといけないのは、自分の仕事をやってくれる部下

成功したら手柄は部下に譲る

大事なことなのでいま一度確認しておきたい。

課長が仕事をするとき、大事にすべき優先順位は、まず「自分自身」である。自分に実力がなければ、昇進は難しいし、たとえ運よく昇進したとしても部下はついてこない。

次に大事にすべきは部長である。部長の方針、考え方をよく理解し、自分の目標が実現できるよう巻き込み、支援を受けられるようにする。そうすれば部長の権限範囲まで仕事のレベルが上げられる。

そして次に大事にしないといけないのが、部下である。彼らは課長の目標を実現するための実働部隊であり、課長が実際に仕事を行ううえで一番大切な存在である。目標を達成し、成果を出せるかどうかは彼ら次第であり、課長はいかに働いてもら

うかを考え、導く必要がある。部下の強みを引き出し、伸ばせれば、その分、目標の実現可能性は高くなる。

そのためのキーワードは、「緊張感」と「達成感」で、少し頑張れば手が届くつま先立ちの目標を与え、小さな成功体験を積ませることだ。その過程で上手に小さな失敗を経験させ、その尻拭いもさせる。

自分で種を播いて自分で刈り取る。問題が起これば、それも自分で解決していくことで、たんなる成功体験とは違う打たれ強さや度胸、執念といったプラスαの経験値を上げることができる。

ただし仕事には通常、締め切りがあるから、万が一、それまでに部下が自分の失敗を解決できない場合は、課長自らそれをフォローし、解決しないといけない。それにはあらかじめ起こり得る失敗のケースをあれこれ想定し、まさかのときは短時間で対応できるようにバックアップの用意をしておく必要がある。

そうやって陰で支える準備をし、いざというときは自ら範を示してフォローしながら部下を育てていく。あわせて一つの課を預かる長として部署の成果も出さなければいけないのは言うまでもない。部下の育成と成果は、課長が果たすべきセットの義務である。

そのために課長としてあるべき姿勢の一つは、「成功したら手柄は部下に譲る」という発想ではないかと思う。勤め人であれば出世を望むのは自然なことだが、それも過ぎると手柄ほしさに成果を独り占めしたり、他人の功績まで横取りしかねない。

こうした愚を避けるには出世を目的に仕事をしないことである。純粋に仕事を面白がり、自分の夢の実現のために働くことだ。その結果として出世はついてくる、そう考えたほうが仕事人生はきっと楽しいものになる。

たとえば、技術者であれば、自分の研究テーマが成功すれば、所属する部署や会社の業績に貢献するだけでなく、その技術分野はもとより、広く社会の発展にも寄与できると信じて心血を注ぐのである。そうすれば、自分の夢の実現こそが大事であって、出世など二の次になる。

私は仕事の成功にある程度、見通しが立つと、よく部下に仕上げを任せた。そして首尾よく仕事が成功したら、関係各所への挨拶ついでに、こう部下を称《たた》えた。

「今回は彼がいい仕事をしてくれました。できますよ、彼は」

そうすれば、部下の評価は社内へ広がる。私はキヤノン時代に約六〇〇件の特許を書いたが、仕上げを任せて権利を譲った数はその三倍ほどある。それで部下が仕事を覚え、力をつけてくれれば、部署の運営はさらにやりやすくなる。業績も伸びる。

手柄は部下に譲るという発想があれば、部下も育つし、成果も出るのだ。また、そうやって優秀な部下を育てれば、結果的に上司である自分の評価も上がる。

出世したいばかりに部下の手柄さえ横取りするような上司に部下は絶対についていかない。そんな上司のもとでは部下は伸びないし、当然、成果も上がらない。自分の夢や目標を実現してくれるのは部下——。それを忘れないことである。

34　仕事の成果を出すには、部下のうち上位五〇%の人材を伸ばすことに注力する

夢・積極性・執念・謙虚さ——部下が伸びる四要素

メーカーにとって不良の削減は重要課題である。その対策の基本は、不良項目のうち上位の約二〇%を改善することだ。そうすれば、全体の約八〇%の不良を削減できる。

いわゆる八〇対二〇の「パレートの法則」にかなうもので、同様のことは、巷間《こうかん》よく言われるように会社の売上にも当てはまる。

私はボランティアでよその会社の経営改善のお手伝いをすることがあるが、どこの会社を見ても、売上の約八〇％を稼いでいるのは成績が上位の約二〇％の社員である。残りの約八〇％の社員は売上の約二〇％しか生み出さない。しかもその二〇％の売上も、大半は上位二一～五〇％までの社員が稼いでいる。

つまり売上の八割は上位二〇％、残りの二割もその多くは上位二一～五〇％が生み出しているということになる。成績が真ん中より下の下位五〇％の社員の会社への貢献度は極めて低い。これはキヤノン入社以来の私の経験に照らしてもまったくその通りである。

そこで上司が、効率よく部下を育て戦力とするには、まず次のように社員を成績で三つのグループに分けて考えるといい。

- Ａクラス／上位二〇％
- Ｂクラス／上位二一～五〇％
- Ｃクラス／下位五〇％

そのうえでAクラスとBクラスの人材を集中して鍛えることだ。具体的には前にも述べたように、つま先立ちの目標を与え、さらなる成長を促すといい。特にBクラスの人材の底上げを行い、一人でも多くAクラスのレベルに引き上げることである。

Bクラスには Aクラスレベルの潜在能力がありながら、それまで上司や仕事に恵まれないなどの理由から十分にその実力を発揮できずにいた者が必ずいる。その前提で指導に当たるといいと思う。その際、ポイントになるのは、

①自分の「夢」があるか
②仕事に対する「積極性」があるか
③やり遂げる「執念」を持っているか
④素直に反省できる「謙虚さ」があるか

という「部下が伸びる四要素」である。そのように前向きな気持ちを強く持っている人材であれば、Bクラスにあっても Aクラスのレベルまで成長する可能性は十

分にある。

実際、こんなことがあった。弊社のマレーシア工場で作業の能力別に三つのグループを作った。Aグループはある部品を一時間に一〇〇個作る。Bグループは八〇個、Cグループは五〇個だ。そのようにグループ分けしたうえで、期限と目標を定めて生産性向上に要する時間を調べた。その際、成績優秀者には能力に応じて一週間から三カ月間の「昼食無料券」を進呈することにした。

さて、結果はどうだったかというと、生産性を二〇〇％、つまり二倍まで伸ばしたのは予想通りAグループが一番早かったが、三〇〇％アップを真っ先に達成したのは意外にもBグループだった。この事実は、上手にその気にさせることさえできれば、Bクラスの人材であってもAクラスになり得ることを雄弁に物語るものと言える。

Aクラスの人材については、とかく「彼らは優秀だから」と好きにやらせがちである。上司もそのほうが楽だからだが、人間どれだけ優秀でも甘やかされると成長は止まる。より高みを目指して、さらなる成長を促す必要がある。

具体的には現状一〇〇の能力に対して常に一一〇～一二〇の目標を与えるようにするといい。そうすれば、Aクラスの人間であれば、いずれ二倍の二〇〇の能力を獲得する。

35　下位五〇％の人には、上位五〇％の人の仕事をサポートさせる

課長は、部下に嫌われるのを怖れない

部下を効率よく育てるには、成績上位五〇％（Ａ＋Ｂクラス）の人を集中して鍛えること――。前項でそう述べた。では下位五〇％のＣクラスの人はどうすればいいのだろう。

下位五〇％の人材は、米国のように人材の流動性の高い社会であれば、どんどん入れ替えることができる。そうすることで人材の全体的な底上げを常にはかっているのが米国の企業だ。

しかし日本の労働市場は違う。米国型の成果主義と日本型の年功序列・終身雇用が混在し、中途半端になっている。成績が悪いからというだけで下位五〇％を解雇するわけにはいかない。

そこで下位五〇％の人は、基本的に上位五〇％の人が効率よく動けるようにサポートに回ってもらうといい。具体的に得手不得手を見極め、長所を生かすことである。

たとえば、営業部のAさんは上位二〇％に入る社員だが、どうにも車の運転が苦手だとする。一方、同じく営業部のCさんは下位五〇％ながら、大学時代に自動車部にいて車の運転だけは誰にも負けないほどうまい。ならば、CさんをAさんのドライバー兼アシスタントとしてつければいい。そうすれば、Aさんは売ることに専念できるし、CさんはAさんと組むことでそのノウハウを勉強できる。そうやってセットで売上を伸ばす。

これは極端な例だが、ほかにもサポートの方法はいくらでもある。資料集めや伝票整理が得意ならそれをやってもらう。文章が上手なら日報の整理をお願いしてもいい。デスクワークの一部を肩代わりしてもらえば、上位二〇％の人は外回りに専念できる。他部門への異動も含めて、そのような発想で下位五〇％の人を生かすことを考えたい。

そのために弊社の場合は、課長に人事権（部下の昇進、異動）を持たせるなど（最終決定権は事業部長）、部課長の職務権限（区分）も明確に規定している。

また、Cクラスの部下のなかにも、潜在的にはBクラス（上位二一～五〇%）以上の能力を持ちながら、それまで上司や仕事に恵まれなかったなどの理由から十分にその実力を発揮できずにいる者が必ずいる。

ポイントは前にも述べた「部下が伸びる四要素」（①夢、②積極性、③執念、④謙虚さ）で、これがある人については、Cクラス↓Bクラス（Aクラス）に成り得る人材と考え、その前提で指導に当たるといいと思う。

具体的にはここでもつま先立ちの目標を与えることが有効になる。そうやって下位五〇%の人についても、得手不得手を見極めながら能力の底上げをはかる。

と同時に、可能であれば、A、B、C各クラスで給与に差を設けることだ。たとえば弊社では、上位の成績を正当に評価するとともに、中下位のやる気を刺激し、奮起を促す意味でボーナスで差をつけるようにしている。

管理職にそこまで権限がない場合は、成績下位の人に上位の人の仕事をサポートさせるなどして、上位の人が「自分ばかり忙しい」という不公平感を持たないようにすべきである。

残念ながら、これまでいい加減な上司の下で、五年、一〇年とぬるま湯につかってきた人材が部下のなかにいることもあるはずだ。ぬるま湯期間が五年以上になると、「伸びる四要素」に乏しく、再教育は難しいことが多い。

そういう部下に対しては、年齢の上下は関係なく、成績上位の人のサポート業務をしっかりとやってもらう。そこで必要なのは「緊張感」であり、課長としての厳しさである。ベテランでたるんだ部下を「なあなあ」で放置してはいけないのだ。

そういう発想で部下の仕事の割り振りや調整ができる課長でないと、なかなか課全体の成果は上がってこない。

36 同じミスを何度も繰り返す部下は、見切りをつける

同じ失敗を二回繰り返したら、始末書を書いてもらう

同じミスを何度も繰り返す人がいる。私の経験では、同じミスを二回繰り返す人は、懲りずに三回、四回と似たような失敗を繰り返すことが多い。

しかもこの手の部下で困るのは、

「すみませんでした！　同じ間違いを二度としないように、以後、気をつけます！

頑張ります！」

などと案外、素直に反省し、やる気を見せるタイプがいることだ。

そういう姿を見せられると、「彼も反省しているようだし、同じ失敗はもうしないだろう」とつい上司も許してしまう。ところが、そういう部下に限って同じようなミスを繰り返す。できの悪い部下のなかでも、このタイプが一番性質《タチ》が悪い。

結局、このタイプは、反省もやる気もその場しのぎの口先だけで、腹のなかでは何とも思っていないのではないかと思う。だから懲りないし、同じ失敗を繰り返す。

「仏の顔も三度まで」と言うが、このタイプは同じミスを何度も繰り返す可能性が高いので、「仏の顔は二度まで」とし、同じミスを二回やったら、その時点で始末書を書いてもらうことだ。

具体的には、

①不始末の内容
②不始末の原因
③お詫《わ》び・反省の言葉
④不始末を繰り返さない旨の言葉

を明記のうえ、「今後、同じような行為を行った場合はいかなる処分を受けようともそれに従います」という一文を必ず入れてもらうことである。

たとえば、こんな具合である。

「私は○○年○○月○○日、○○○○に関する書類を紛失しました。これは私の不注意によるもので弁明の余地もございません。心からお詫びします。深く反省し、二度とこのような不始末を繰り返さないように十分注意することを誓います。また今後、同じような過ちをおかした場合はいかなる処分を受けようともそれに従います。今回に限り何卒《なにとぞ》寛大なご措置を賜りますようお願い申し上げます」

始末書には三つの効果がある。一つは自分のミスを文書に残すことで、深く反省し、心を入れ替えて仕事に取り組むよう促す効果が期待できる。

二つ目は、部下の不始末は上司の監督責任でもあるが、始末書があれば、問題社員であったことの証になるので、罪一等を減じて見てもらえる。

そして三つ目は、あまりにもミスが多く、「我慢も限界を超えた、もはや雇用を継続できない」となったとき、始末書は有力な根拠になる、という点である。一般に始末書が三枚あれば、たとえ裁判になっても、会社側の判断は認められるとされている。

同じミスを何度も繰り返す部下は、上司にとって、足もとに置かれた、いつ炸裂《さくれつ》するかわからない時限爆弾のようなものだ。その点、始末書はいざというときの保険、お守り代わりになる。同じミスを二回繰り返したら、始末書を書いてもらうことである。

37 新入社員に、「三年間は黙って俺の言うことを聞け」と言える課長になる

鉄は熱いうちに打て――新人教育は三年が勝負

キヤノンで初めて部下を持ったのは、事務機の開発部門の主任研究員になった二〇代末のことで、最初は新入社員など五、六人の若手がついた。癖のない素直で優秀な人材は、当時、花形部署だったカメラ部門がみんな持っていってしまう。部下となった面々は、優秀だけれど、一癖も二癖もある、ちょっと扱いにくい、とんがった変わり種が多かった。

私は彼らに言った。「三年間は黙って言うことを聞いてくれ。そうすれば、どこへ行っても通用するようにしてやる。もしよその会社に行きたいなら紹介状だって書くぞ」と。

「石の上にも三年」とはよく言ったもので、どの世界でも三年みっちり鍛えれば、たいてい伸びるし、その道で食べていけるようになる。逆に言えば、最初の三年が肝心で、ここで基本的なことをしっかり身につけないと、その後、伸びないし、必ず苦労する。

だから新人の指導は徹底的に行った。具体的には、技術者に必須の専門知識の勉強を午前中に約二時間。その後、通常の業務をはさんで、夕方からは午前中の勉強に関係する実験を行うことが多かった。たとえば、機械の勉強をすれば、実際に駆動ユニットを作ってみる、電気の勉強をすれば、実際に回路を設計してみる。「座学＋実学」で徹底して教えた。

またＭＩＴ（※Massachusetts Institute of Technology＝マサチューセッツ工科大学）の一般教養の数学のテキストを使って、英語で数学の勉強をさせたりもした。技術の基本は数学であり、技術者は海外に行って英語で技術の説明をする機会が多い。ＭＩＴのテキストを使えば、数学と英語の勉強が一度にできる。一石二鳥で、特に英語の苦手な新人は、我が家まで連れて帰って、よくそのテキストをやらせたものだ。

実は同じ方法で、私も新人のときに鍛えられた。私が数学と英語が苦手なのを見てとったある上司が、「これで勉強し直しなさい」と言って渡してくれたのがMITのテキストだった。その上司は、英語、ドイツ語、フランス語、ロシア語を完璧にこなし、数学にも秀でた能力を持っていた。最初は面食らったが、MITのテキストは慣れると、意外と勉強しやすい。その上司は毎朝、始業前に一時間ほど、私のその勉強につき合ってくれた。おかげで数学と英語をずいぶん鍛えることができた。

学生時代の私の専攻は電気だったが、「この会社で成功しようと思ったら、電気だけではダメだ。ほかの勉強もやれ」、そう言って私を自宅まで連れて行って、機械設計などを熱心に教えてくれた先輩もいた。あの人たちがいなければ、いまの私はないかもしれない。

そうした経験があったから、これはいい方法だと思えるものについては、部下にも同じことをした。その他の部下指導でも、私は基本的に、自分が上司にしてもらってよかったことはやるようにしているし、よくなかったことはしないようにしている。

世の中には上司にやられて嫌だったことを、腹いせのように部下にする人間がいるが、そういう愚にもつかないことは絶対にやってはいけない。論語にもある。「己の欲せざるところは、人に施《ほどこ》すなかれ」と。人を思いやる「恕《じょ》」という心だ。ともあれ、そうした部下指導を通じて、仕事をするうえで絶対に欠くことのできない二つの習慣、すなわち、

①自分の頭で考え、確認する癖

②A、B二つの選択肢があるY字路にきたら必ず上司に報告する癖（※24参照）

も徹底的に教え込んだ。

「鉄は熱いうちに打て」と言うが、新人のうちであれば、おかしな色に染まっていないからこうした習慣も身につきやすい。五年、一〇年、いい加減な上司のもとで我流でやってきた人にこうした習慣を覚えてもらうのは、なかなか簡単なことではない。その点、新人は物の考え方も柔軟だから、上司がきちんと教えれば、基礎の覚えも早いし、自分は何がしたいのか、自分なりの考え方、哲学も確立しやすい。

正しい報告のあり方も自然と覚えていく。そうすれば、いずれ自分が上司の立場に立っても部下指導で困ることもない。

私が最初に部下を持った事務機の開発部門は、新規事業の部署で、その後、事業の本格稼働にともない中途採用も含めて四〇～五〇人の所帯になった。人材評価は徹底的に能力主義で、中途であっても実力があれば、採用の翌日から現場に入ってもらった。それでも人が足りず、猫の手も借りたいほどだったから、新人の育成や人材の底上げは急務だった。このため、これはと思う人間は一騎当千《いっきとうせん》とすべく、集中的に鍛えることもあった。

そうやって一人でも多くの部下をどんどん戦力にする必要があったのだ。

その分、指導はかなり厳しかったと思う。実際、部下たちが陰で「鬼の酒巻」と呼んでいたのも知っている。しかし、すべては彼らのため、部署のため、会社のためと思い、厳しさを貫いた。それに彼らも「コンチクショー」と思いながら、よく応えてくれた。

努力は人を裏切らない。昇進試験では私の下にいた人間が、いつも同期で一番早く合格した。試験の前にはよく一緒に傾向と対策を考えた。合格をともに祝ったときは自分のことのように嬉しかったものだ。彼らの多くは、その後、キヤノンの役員になった。

38　部下を育てるためには、毎週レポートを書かせて回覧する

部下にレポートを書かせる四つの効用

部下の育成指導では毎週、レポートを書かせるといい。「今週はこうでした。来週はこうします」ということを端的にまとめてもらうのである。

具体的に盛り込むべき内容は、

①今週の成果と反省点
②それらを踏まえた来週の課題と目標

の二つである。これを毎週、書いて提出してもらう。

部下にレポートを書かせる効用は四つある。

まず一つは、上司の指示を部下がどれだけ理解して仕事に取り組んでいるか、すぐにわかる、という点である。やるべきことを正しく理解していれば、それを行動に移せるから、できたこと、できなかったことが、具体的に書ける。しかし、上司の指示がきちんと理解できていないと、何をすればいいかわからないから行動に移せない。当然、成果も出なければ、反省のしようもない。レポートを書かせれば、それが一発でわかる。

二つ目は、書くことで自分の考えが整理され、自分に足りないところが見えてくる、という点だ。それには「誰に何を伝えたいのか」、それを意識して書くことだ。どれほど優秀で自分にしっかりした考えがあっても、それを要領よく正しく伝えられなかったら意味がない。組織にあってはダメの烙印《らくいん》を押されかねない致命的なウイークポイントだ。

その点、毎週、レポートを書くようにすると、論理的な考え方が身につき、まわりの人への指示も的確になる。文章というのは、書きなれないと、なかなかポイントを押さえた書き方ができない。訓練が必要なのだ。その訓練が論理的な思考を鍛えてくれるのである。

このように論理的な考え方が身につくのが三つ目の効用である。先々、上司になったとき、部下指導にも役立つ。そうした意義も話したうえでレポートの提出をさせるといいと思う。

よく「文章を書くのは苦手で……」という人がいるが、要は伝えるべきことが正しく伝わればいいのであって、うまい下手はどうでもよい。先に挙げた①②の二つのポイントがきちんと盛り込まれていて、それがちゃんとわかるなら、ゴツゴツした文章でも何の問題もない。

むしろ注意すべきは、「言語明瞭、意味不明瞭」と一緒で、一見、きれいな文章だが、その実、中身がまるでないレポートを書いてくる部下だ。

具体的な内容がないのは、具体的な行動をしていない証拠である。そういうレポートを書く人間は、上司の指示内容をよく理解していないか、自分は何もしないで下に丸投げしているか、どちらかで、それをきれいな文章で誤魔化そうとしている疑いが濃厚である。

その種のたくらみは、上司が読めば、すぐにバレる。こういうときは、前にも述べたように、いま一度、指示内容を質《ただ》し、復唱させた後、要点確認を徹底することである。

そして最後、四つ目の効用は、レポートを課内で回覧することで、他の人の勉強にもなる、という点だ。上司はレポートを読んだら、「これはやめておいたほうがいい」とか、「これはこうしたほうがいい。その際、〇〇課の〇〇さんに支援してもらうように。伝えておくから」などと助言や指示などを「直筆」のメッセージとしてレポートに書き込むようにする。これを、レポートを書いた本人だけでなく、上司が読ませたい他の人にも回覧するのだ。

そうすれば、そのレポートは、上司と部下のキャッチボールにとどまらず、「そうか、こういうときは、こうしたほうがいいのか」と他の人の勉強にもなる。その際に上司の直筆コメントが入っていると、部下は回覧をきちんと読むようになるのだ。その意味でも、直筆コメントは重要である。

一人のレポートは、そのように回覧することで他の人の指導にも使えるのである。

39 部下の指導で一番大事なことは、しっかりと見てあげること

部下より早く会社に来て、部下より遅く帰る

部下を育てるには、前にも述べたように、明確な目標の提示と、その人の能力に合った仕事を与えることがとても大事になる。そして最初のうちは、ちょっと頑張れば手が届くレベルの仕事を与え、小さな成功体験を積ませるのが何より大切なポイントになる。

では、その後はどうすればいいか？

飛躍のために少しずつ強い負荷をかけることである。具体的には能力を目いっぱい引き出すことで初めて手が届くレベルの仕事を与えるようにするといい。それに成功したら、さらに強い負荷をかける。そうやって部下の能力レベルを上げていく。

ただし、これは部下をかなり追い込むことにもなるため、負荷のさじ加減を誤ると、部下を育てるどころか、下手をすると潰してしまうおそれもある。

そこで何より大事になるのは、いつも部下をしっかり見守ってあげることである。仕事の進み具合を見ながら、適宜《てきぎ》、助言を行うとともに、

「少しハッパをかけすぎたかな。このままだと無理をさせすぎるかな」

そう思ったら、

「あんまり入れ込みすぎても行き詰まるぞ。今日は早く帰ったらどうだ」

などと言って少しブレーキをかけてやる。

そうやって負荷をうまく調整しながら、成功まで導くのである。

強い負荷レベルで何度か成功すれば、どの程度までなら自分を追い込んでも大丈夫か、部下もだいたい見当がつくようになる。そうなれば、部下は、上司のサポートがなくても、自分で負荷の調整ができるようになる。

そうなるまで上司は、しっかりと部下を見てやる必要がある。そのために私は、いつも部下より早く会社に来て、部下より遅く会社を後にしてきた。そして仕事ぶりだけでなく、顔色はどうか、声の張りはどうかと、体調にまで気を配る。強い負荷をかけるからには、適宜な助言はもとより、そこまで気を配らないといけないのだ。

能力も考えずに無茶なノルマを課し、「何やってるんだ！」などと追い込むだけ

追い込んで、あとは知らんぷり――。
これでは部下はたまらない。上司として失格である。

40 部下の望ましい態度は、きちんと褒める

成果を生むのは、仕事に取り組む「姿勢」

前にも述べたように、「夢・積極性・執念・謙虚さ」は、部下が伸びる四要素である。これがない人間は、どれほど優秀でも大きく伸びるのは難しい。逆に言えば、いまはそれほど優秀ではなくても、これがある人間は大きな「伸び代《しろ》」を持っている可能性がある。

上司は部下の仕事の「成果」だけではなく、そのように前向きに努力し、チャレンジする「姿勢」についても、きちんと褒める必要がある。

褒め方には大別すると、直接、間接の二つの方法がある。さらに細かいことを言えば、最初に悪かった点を指摘した後によかった点を褒めるなど、いろいろテクニ

ックもある。

どのような方法を取るかは人それぞれだが、私は基本的に直接褒めることはあまりしない。褒めるときは、人づてに伝わるように間接的に褒めることが多い。

課長だったら、部下を直接褒めるのではなく、部下の少し上の先輩にさりげなく、こんな風に伝える。

「最近の〇〇さんの頑張りは、大したものだね」

そうすれば、

「課長が、お前のこと、褒めてたぞ」

と自然と相手の耳にも伝わる。

あるいは、大きなプロジェクトが成功したときなどは、よその部署の管理職などに、

「今回は彼が頑張ってくれました。かなりの貢献度です」

などとその労をねぎらい、積極的に部下の手柄をアピールする。部下の評価を高め、部下の昇進を後押しするのも、上司の大事な仕事の一つだ。それは巡り巡って、できる部下を育てた上司として、自分自身の評価として返ってくる。

褒めると言えば、忘れられないのは、二〇一一年秋に亡くなったアップル創業者

のスティーブ・ジョブズだ。ジョブズがアップルを追われ、ネクストコンピュータをやっていた時代も含めて、私は彼とずいぶん一緒に仕事をした。

初めてキヤノンで会ったとき、彼はこう言った。

「キヤノンのプリンターがいいというので来た。見せてほしい」

それで実際に商品を見せたのだが、ひと目見るや、

「こんな大きいのは、私の部屋の棚に載らない」

とぴしゃりと言った。「この人は、常に自分が使う立場で考えているんだな」と驚いたものだ。天才と言われたが、もの作りの基本的な発想は、常にそこにあったように思う。

その彼が、あるとき、私の話したちょっとした技術的なアイデアについて、

「すごいじゃないか！　それ、もっと深く考えてみようよ！」

と絶賛してくれたことがあった。こちらとしては、そんなたいしたアイデアとも思わないのだけれど、とにかくジョブズは大いに褒めてくれた。それで、そのアイデアをどんどん深掘りしていったら、それまでのものよりずっといいものができた。

アイデアの本質を読み解くセンスが天才的であったのは間違いないが、一方で技術者を上手に乗せて、その気にさせるのも抜群にうまかった。ジョブズは当時から

技術の世界のカリスマだったから、技術者は褒められれば、天にも昇る気持ちになる。それを知っていたのだと思う。

だから、技術レベルの要求は厳しかったが、些細《ささい》なことでもよく褒めた。基本的に技術者には優しい人だったと思う。

むしろ厳しさという点では、営業に対する態度のほうがはるかに苛烈《かれつ》だった。売る人をどこか信用しないところがあるように私には見えた。

稀代《きたい》の天才の早すぎる死が惜しまれてならない。

41　部下を伸ばすには、指示だけでなく質問をして、自分で考えさせる

自分で気づき、考える癖をつけさせる

部下の育成指導の肝となる部分を一言で言えば、「自分で考える癖をつけさせること」ではないかと思う。上司に言われたことしかしない、言われなければやらない、という姿勢では、いつまでたっても成長しないし、「指示待ち」が習い性《せい》にな

ってしまう。

それでは毎日、仕事をやらされるばかりで、仕事に楽しみを見出すのは難しい。仕事は「これは自分の仕事だ」と思えてこそ面白くなり、自らいろいろと工夫しようというやる気が出てくる。

それには、課長は部下にやるべき仕事は指示しても、それをどうやって実現するかの具体的な方法までは示さないほうがいい。そこまで上司が手取り足取り教えてしまうと、部下は自分で考えなくなってしまう。何をするかは指示しても、どうすればいいかは、自分で考えさせる、それが大事になる。

では、具体的には、どのようにして部下に自分で考えさせればいいのだろう。

そのために私が昔からよく利用してきたのは、「質問」である。3章で、部下に指示を徹底するためには、復唱させた後、「要点はどこだと思う?」と質問するといい（※26参照）、という話を書いたが、あれもその一環だ。

たとえば、部下の仕事のやり方に問題があることに気づいたとする。緊急を要する状況ではないが、このまま作業を進めれば、いずれトラブルになりかねない問題のあるやり方だ。さて、こんなとき、あなたが課長なら、どうするだろうか。

「そのやり方はよくないから、こうしなさい」とただちに指摘する、というのは一つの考え方だ。そうすれば、間違いを指摘し、正しいやり方を教えることになるし、トラブルを未然に防ぐこともできる。課長のあり方として、これは「あり」だと思う。

ただし、一〇〇点満点かと言えば、違う。急を要しない状況であれば、そのようにすぐに正解を教えてしまう必要はない、というのが私の考えだ。

というのも、それでは、なぜそうしないといけないのか、その理由や考え方が身につかないからだ。それはたとえて言えば、必死に宿題をやっている子どもの横から親が答えを教えるようなものだ。自分で考え、悩んだ末に見つけ出した答えでなければ、何の意味もないし、何一つ自分の力にはならない。

だから、私ならこんなとき、部下にこう質問する。

「どうしてそうやるの？」

「そのやり方でなければできないの？」

「それ以外に方法はないの？」

すると部下は、「自分のやり方は間違ってるんだろうか？　だったらどこをどう直せばいいんだろう？」と考えるようになる。

その結果、たとえば、設計の仕事であれば、「この部品をこっちに置けば、製品サイズをもっと小さくできて、コストも下げられる！」と気づくし、工場の現場であれば、「機械のレイアウトをこんなふうに変えれば、工場のスペースが半分ですむ！」といったことに思い至る。

そうやって自ら問題の所在に気づき、それをどうすれば解決できるのか、自分で考え、答えを見つけるのを当たり前の習慣とできるよう導く。それこそが課長の務めではないかと思う。自分で気づき、考える癖を身につけた人は必ず伸びる。質問はそうした習慣を促すためのよい方法だと思う。

ただし、一度や二度、質問したくらいでは、問題の所在に気づかない人もいる。その場合は「なぜそうなの？」と根気よく問い続けることである。

42 「失敗」と呼べるものはほとんどない。九九％は「手抜き」である

手を尽くして仕事をしているか？

どうも世の中では、「失敗」という言葉を安易に使いすぎているように思う。

失敗とは、あらゆる手を尽くして挑戦したけれど実らなかったときに使うべき言葉である。実際に失敗と呼べるようなものはほとんどなく、九九％は、ほかにもやるべきことがあったのにやらなかった、いわゆる「手抜き」ではないかと思う。

実際、前にも述べたように、不良の原因のほとんどは、伝えるべきことを正しく伝えていなかったり、一言確認すればすむことを怠ったりといった、コミュニケーション不足に起因している。そうして発生した不良は失敗ではなく、ただの手抜きにすぎない。

言葉を変えれば、単なる不手際、手抜かり、過失であり、失態だ。

これを避けるには、

①とにかく手を尽くすこと

②「常識」に逃げないこと

である。

たとえば、弊社の人事部でこんなことがあった。

弊社ではレポートを提出してそれを回覧することが多いのだが、人事部も課題図書をあげて、とある事業部の社員にレポートを提出させることにした。

先にも書いたように、「書く」ということは、その人間の能力を如実に表すことが多いから、人事評価の一環として人事部もレポートを提出してもらうということを試みたのだ。

その結果、人事部から「レポートをA、B、Cの三段階に評価しました」という報告が私に上がってきた。そこで私が、「レポートの評価のあとに、実際に事業部の社員と面接して確認しましたか?」というと、「していません」と答える。

レポートの評価とその人物の評価が一致するのかどうか、人事部だったら面接をして確認しないといけないのに、それをしていない。その後、実際に面接してみると、「レポートの評価と、実際に会って面接した評価が一致したのは三割ぐらいでした」ということだった。

こういう経験を積み重ねていくことで、人事部がレポートからその人の能力を見抜く力が上がっていくのだ。要は、文章の捉え方、評価の確度が上がっていくのだ。レポートや面接などさまざまな角度から人の能力を正しく評価する「選球眼」を良くするのが人事部の役割の一つなのだから、レポートを提出させてそれを評価したら終わりではなく、面接までして、きちんと確認することが欠かせないのだ。これが「手を尽くす」という意味だ。

そしてもう一つ大事なことは、「常識」に逃げないことだ。常識というのは、しばしばチャレンジに冷水を浴びせるための方便に使われる。やれ、「そんなのできっこない。常識だよ」とか、「それが無理なのは、みんな知っている」とかなんとか。

私はそういう物言いを聞くと、こう言わずにいられない。

「あなたの言う常識って何ですか？　みんなって誰ですか？」

すると、まずまともに答えられない。結局、そういうことを言う人は、たんに人の意見を潰したいとか、自分がやるのが嫌で楽をしたいとか、要するに「できない、したくない」言い訳に常識という言葉を利用しているだけなのだ。常識は手抜きの温床である。

しかもその常識は、たんに世間で言われているだけだったり、本人がそうだと思い込んでいるにすぎないことが多い。その程度の不確実なものを頼りに、「そんなの常識」などと考えていたら、その時点で思考は止まってしまう。そうなったらもはや進歩はない。

その先へ歩を進めようと思ったら、世間の常識や自分の常識について、

「それってほんとうなのか?」と疑うことから始めなければならない。まず疑うこと、固定観念にとらわれないこと。新しい挑戦はそこから始まる。

そして、疑問に思うことができたら、それについて徹底的に自分で調べて、解決する。その結果、自分が常識だと思っていたことが、実はとんでもない誤りだったとわかったら、ただちにそれを正す。これを習慣にすることだ。そうすれば、常識に逃げることはなくなるし、いつも挑戦的な気持ちで仕事ができるはずだ。

常識という言葉は、封印すべきである。

43 約束を守らない、報告をしない、手抜き、嘘、言い訳は、烈火の如《ごと》く叱る

期待しているからこそ、厳しく叱る

私はキヤノンにいたときから「鬼の酒巻」と言われるほど部下には厳しい上司で通っていた。それだけよく叱ったからだが、無論、理由もなくそうしたわけではな

い。

私が叱るときというのはだいたい決まっていて、

①約束を守らない
②ルールを守らない
③報告をしない
④手抜きをする
⑤嘘をつく
⑥言い訳をする
⑦部下を守らない

などがあったときで、その場合はいまでも烈火のごとく叱る。

「いついつまでにやります」と言ったことはちゃんとやる。会社で決められた約束事は守る。上司への報告は欠かさない。手抜きはしない、手を尽くす。嘘をついたり、言い訳をしない。部下はきちんと守り、育てる。「オレは知らない聞いてない」の無責任上司などもってのほかだ。

いずれもあえて説明するまでもない当たり前のことばかりで、要するにやるべきことをきちんとやらないとダメだということである。

そういう当たり前のことができないときは、ガツンと叱る。キヤノンで最初に部下を持った頃は、それこそ怒って本を投げたこともある。

もちろん本人を狙って投げたわけではないし、実際、当たりもしなかったが、さすがにこれは危ないと思った。

それからは、万が一にもケガのないように、消しゴムを軽く投げるようにした。私は野球をやっていたのでコントロールはいい。

さすがに最近はそういうことはしないが、それでも当たり前のことをしない人間にはいまでも雷を落とす。それは、その人を認めているからで、そうでなかったらわざわざ叱ったりはしない。叱るにはとてつもないエネルギーがいる。叱らないですむなら、誰だって叱りたくはない。それでも叱るのは期待している証拠で、正しく大きく育ってほしいからだ。いくら言ってもダメだと思えば、叱る気もなくなる。叱られているうちが花なのだ。

実際に私は部下にも「叱られているうちが花だぞ」と公言していたし、叱ってもしょうがないと思った部下には、とても優しく接してきたものだ。

それに、上司が自分のことを真剣に考えて叱ってくれているかどうかは、部下だってわかる。「いじめだ、パワハラだ」などとはまず考えない。

そう言えば、何年か前、私の部下で消しゴムを投げられた一人が、「無事に定年を迎えることができました」と手紙をくれた。

長文の手紙で、そのなかにこんな一節があった。

「私にとって酒巻さんの下で叱られた三年間は青春そのものでした。長い会社人生のなかで、あの頃ほど、自分のため、会社のため、真剣に仕事と向き合ったことはありません。そして、あの頃があったからこそ、この年まで働くことができたと思っています。三年間黙ってこの身を預けてよかったです」

上司冥利《みょうり》に尽きるというものである。

44 叱る時は、間髪《かんはつ》を入れず、その場で叱る

タイミングを逸《いっ》した叱責は、相手の心に響かない

よく、管理職向けのビジネス書などを読むと、部下を叱るときは、みんなのさらし者にしないように、別室に呼ぶなど陰で叱るほうがいい、などと書いてある。

確かに部下のプライベートに関わるようなことであれば、当然そうすべきだろうが、それ以外の仕事のことであれば、私はそのような配慮は不要と思う。

前項で述べたように、やるべきことをやらなかったら叱られるのは当然のことで、それをみんなの前でやったらかわいそうだからと、いつ、どこで叱ろうなどと考えていたら、それこそタイミングを逸してしまう。

叱責というのは、見つけた、まさにそのときがベストタイミングで、これを逃すと効果が薄れてしまう。実際、私も若い頃、上司に突然呼ばれ、「あれはダメだ」といきなり言われ、何のことだか、さっぱりわからなかったことがある。しばらく

小言を聞いているうちに、「ああ、あの件か」と合点がいったが、もう何日も前のことで、「御説ごもっとも」と思いながら、それでも正直、ピンとこなかったのを覚えている。

タイミングを逸した叱責は、相手の心に強く響かないのだ。だから、叱るときは、間髪を入れずに、その場で叱る。「見つけたときが、勝負のタイミング」と心得るべきだ。

そして一度、その場でぴしゃりと叱ったら、それでおしまいにして、さっさとその場を離れてしまう。絶対にネチネチとやらない。それが経験的に、一番嫌みがなく、叱られたほうも納得がいく、効果的な叱り方だと思う。

また、そうやって、一回ビシッとみんなの前で叱れば、「なぜ、課長は怒ったのか」、その理由を部署のスタッフみんなで共有する効果も期待できる。

ただし、これは日本の場合であって、外国は別だ。個人の体面を非常に重んじるところがあるから、海外の支店や工場などに管理者として赴任する場合などは注意が必要だ。

たとえば、東南アジアのタイなどは、人前で叱るということがないので、そのようなことをされると、ひどい侮辱《ぶじょく》を受けたと感じ、恨みを買いやすい。それこそ下手をすると、「人前で恥をかかされた。許せない」と銃で撃たれかねない。日本人が海外に行く場合は、言葉の壁もある。海外で叱るときは、相手の面子《メンツ》を潰さないような配慮を忘れないことである。

45「部下に良い人と思われたい」、そういう上司が、最悪の上司

人がいいだけの上司は、残酷である

上司であれば、誰だって部下には好かれたい。嫌われたくない。しかし、その気持ちが強すぎると、部下によく思われたい、波風を立てたくないと妥協や迎合をするようになって、結局、部下を叱ることもできなくなる。この手の課長は部下のウケはいい。「あの人どう?」と聞けば、みんな「いい人」と答える。楽だからだ。

でも、それは部下に甘いだけで、ほんとうは彼らにとってとてつもなく残酷なことをしているのだ。なぜなら、そんな甘ちゃんの課長の下にいたら、力がつくはず

がないし、実績だって残せないからだ。それこそ三年、五年とそんなぬるま湯につかっていたら、それが当たり前になってしまい、もはやどんないい課長についても再生は困難になるだろう。

部下を叱ることもできない、人がいいだけの課長なら、多少、激しい性格でも、叱るべきときにはきちんと叱ってくれる課長のほうが一〇〇倍いい。

だから、人がいいだけの課長は、その上役である部長がきちんと指導するか、場合によっては外さないといけない。そうでないとその下にいる人間がみんなダメになってしまう。

弊社でもこんなことがあった。ある部署の業績が悪く、三年間赤字を垂れ流していた。それで部長を更迭《こうてつ》したのだが、やはり部員から「あんないい人をなぜ」という声が上がった。部長の人事考課が大甘で、成果も出ていないのに、部下をみんなプラス評価にしていたからだ。これでは部署の業績など上がるはずがないし、部下の力だってつきようがない。

やるべきことをきちんとやる上司であれば、人事考課も成績に応じてクールに判断する。そうすることで部員の奮起を促さないといけない。それは部署を伸ばすための当たり前の手立ての一つである。

あるいは、こんなケースもあった。あるとき、何度言っても同じミスを繰り返す課長がいたので、課長から降格することにした。すると、その彼の上司である部長がやってきて、「あれでは彼がかわいそうです。何とかなりませんか」と言う。「そこまで彼をかばうなら、彼がまた同じミスをしたときに、あなたが責任を取って賠償することができますか？　できるというなら彼を課長に戻してもいいですよ」

そう返すとその部長は、「いえ、それは……」と言って、すごすごと引き下がった。いかにも部下のことを思っているようなことを言う人間に限って、ただのポーズであることが多い。そもそも部下をきちんと指導していたら、部下の「手抜き」によるミスを未然に防ぐことができるはずだし、部下のミスが手を尽くしたうえでの「失敗」であれば、全力を尽くしてかばうことをするはずだ。

部下の指導もしないくせに、部下とはなあなあで、「面倒見の良さ」だけをアピールする、この手の上司になってはいけない。

このほか一見いい上司に見えるが、その実、始末におえないのは、相手によって発言を変えるような、「みんなにいい顔をしたがるタイプ」だ。部下のAとBとC、それぞれに言っていることが違う。あるいは、人の意見に流され、意見をころころ変える。かつて私の上司でもこの手の八方美人というか、言行不一致の上司がいた。とにかく方針が定まらず、朝令暮改どころか、朝令朝改のありさまで、まったく仕事にならなかった。

繰り返すが、人のいい上司は、残酷である。部下を殺し、部署も会社も殺す。課長になったら、部下に嫌われることを怖れてはいけない。課長の目的は部下に好かれることではなく、部下を育て、課の成果を上げることである。そこを間違えてはいけない。

46　自分の役割を理解し(自覚)、自ら考えて動き(自発)、自分のことは自分で管理する(自治)

「自ら能動的に動く人材」はどうすれば育成できるか

キヤノンには伝統的な「三自の精神」というのがある。三自とは「自覚、自発、自治」のことで、「社員は、自分の立場や役割を自覚し、何事にも進んで行動し、自分のことは自分で管理すべし」というものだ。

受け身ではなく、自ら能動的に動く人材の育成こそがキヤノンの人作りの基本であり、それは一言で言えば、要するに、

「自分で考えて動ける人間になりなさい」

ということだ。

これはキヤノングループの一員である弊社においてもまったく同じであり、そのための意識改革を全社で続けている。それを象徴するのが「ピカ一運動」である。ピカ一運動とは、社員に自分で考える癖をつけてもらうのが狙いで、少し堅苦しい表現をすると、「自ら立案し（自覚）、実行し（自発）、評価（自治）することを繰り返して自己の確立をはかる」ことを目的としている。

つまり、三自の精神を体現しようというもので、具体的には、

「誰にでもキラリと光る夢がある

皆でつかもう世界の一番」

をスローガンとし、四人一組で何でもいいから世界一を目指す。自分たちでテーマを決め、どのようなステップを踏んでゴールまで向かうか、期間も含めたロードマップもすべて考える。世界一のテーマは仕事と直接関係ないことでも構わない。遊び心を持って、三自の精神を身につけてもらうことを目的とした活動である。活

動の成果が出れば、会社はきちんとこれを表彰する。

これまでの一番の成果は「挨拶一番」である。前に「朝の挨拶運動」を始めたことで不良が激減したという話を書いたが、実はあの運動は「挨拶一番」というピカ一運動がそもそもの始まりであり、それが全社に広がり、実現したのだ。

このようにピカ一運動を通じて考える癖を身につけると、やがてさまざまな気づきを仕事に生かせるようになる。たとえば、業務上の問題点などについて、「こうすれば、もっと仕事の効率がよくなる」といった改善提案ができるようになるのだ。

ここで上司として強く心に留め置くべきは、そうした部下からの提案を絶対に握りつぶしてはならない、ということである。せっかく部下が提案しても、そんなことが二度三度と続けば、「言うだけムダ」と思い、部下はもはやアイデアを出さなくなってしまう。

だから部下の提案は絶対に止めてはいけない。そのため弊社では、部下が「やりたい」と言ったことは、上司は「やらせて、サポートする」責任がある。部下の「やりたい」を潰したときは、その上司は降格処分の対象になるということが明文化されて、周知徹底されている。

部下の自主性の芽は、絶対に摘《つ》んではいけないのである。

そうすれば、部下はさまざまなアイデアを提案し、必ず会社利益に貢献してくれる。

たとえば、二〇〇八年秋のリーマンショックでは弊社の売上高も半減した。そこで社員にどうすれば生産性を上げることができるかアイデアを募ったところ、すぐに多くの提案がなされた。

たとえば、ハンダ付けに使うハンダ線は、手を離すと丸まってしまい、線の端を探すのに苦労する。そこである社員から「ハンダ線の端を作業台に固定したらどうか」という提案があり、やってみたところ、線の端を探す手間が省け、明らかにハンダ付けの作業が早くなった。

他にもトレーの整理の仕方を工夫することでこれまで以上に部品を拾いやすくする改善策などさまざまなアイデアが出され、採用された。ちりも積もれば山となるで、個々の提案で得られた一つひとつの改善効果はわずかでも、それらが積み上がったときのトータルの効果は絶大で、一年後、生産性は二七〇％も、つまりこれまでの二・七倍に向上した。

あるいは二〇一一年三月の東日本大震災では、直後に電力不足を想定し、電気使用量の三〇％削減を打ち出し、全社で取り組んだ。このときもすぐにさまざまな節電のアイデアが出された。

たとえば、金型成形機は熱を出すため暑さ対策でエアコンを使っていた。ご存じのようにエアコンは電気を食う。そこで何かいい方法はないかと思っていたら、やはりある社員から熱を外部に逃がすアイデアの提案があり、エアコンなしでも作業ができるようになった。そういう工夫を積み重ね、六月半ばには三〇%削減の目標を達成した。

組織の強さは、とりわけ危機に直面したとき試される。社員一人ひとりが、自分のできること、会社のためにできることを、誰に言われなくても考え、動ける組織は強い。指示待ちの社員が一〇〇〇人いても、自律的に動ける一〇〇人の社員にはかなわない。

自分で考えて動ける人間を育てる意味とは、つまりはそういうことだ。

5章

課長になったら、人間通を目指す

——人間を知らない人に、人は動かせない

47 人間を見極めるためには、「後ろ姿」を中心に三カ月は観察を続ける

マネジメントの要諦は「観察力」にある

自分のやるべき仕事、やりたい仕事を効率よくやって成果を上げるには、上司を巻き込んで、支援を受けられるようにすることである。

それには前にも述べたように、ベンチマークを利用して、上司の方針、考え方をよく理解する必要があるわけだが、その際、どういうときに機嫌がいいか悪いかなど、性格や癖なども含めた人間性の観察もあわせて行うといい。

そうすれば、企画一つ提出するにしても、上司の掲げる部署の方針にかなうものが出せるし、上司の機嫌のいいタイミングを見計らって提出することができる。採用される確率がぐんと高くなるのだ。

たとえば、「いま、こんなのやれるか！」と突き返されても、上司は本音ではやりたがっていることがわかっていれば、「いまやらなくていつやるんですか！」と

強気で押し返すことができる。

それこそ日頃の観察から、「上司が椅子の背もたれに体をあずけ、足を組んだときは八割がたOK。あと一歩」などとわかっていれば、内容を再考し、詰める作業だって俄然楽しくなる。上司を納得させるには何が足りないか、それを上司の立場で考えればいいだけのことだからだ。たとえば、かなり慎重な上司であれば、その不安を払拭《ふっしょく》する材料を探すなどリスクを担保する方策を考えればいい。

ほかにも、さわらぬ神に祟《たた》りなしで、「今日は機嫌が悪そうだな」と思ったら、なるべく近寄らないなど、日頃の上司観察はいろいろな場面で役に立つ。

キヤノン時代の上司だった山路さんは、歩き方に特徴があって、機嫌のいいときは、自分の部屋を出ると周囲をぐるっと見回してから、軽やかに歩き出す。逆に機嫌が悪いときは、下を向いたまま歩き、さらに機嫌が最悪に悪いときは、壁を叩きながら歩く。

だから私は、難しい企画や、ちょっと無理かなと思うような交際費の決裁をお願いに行くようなときは、いつも軽やかに歩いているタイミングを選んで相談に行っていた。

そうすると、決裁が下りる確率がぐんと高まるのだ。

しょっちゅう叱られたり、何度出しても企画が通らないという人がいるが、わざわざ上司の機嫌がよくないときに、上司の意向に沿わない企画を出したりしているのではないだろうか。そういう人は上司の観察が足りないのだ。

自分のやるべき仕事、やりたい仕事を最短コースで達成するには上司の人間性の理解は必須である。さらに言えば、人事部や、関係する部署の部課長クラスなど要所要所の人を観察して、どういう人物なのか、癖や性格などを知っておくと、いっそう仕事はやりやすくなる。

私はそのために「観察ノート」を用意し、「○月○日、◇◇部長の機嫌が悪い。今日は月曜日。どうも月曜の朝は低気圧のようだ」とか、「▽▽課の◎◎課長に☆☆の件につき資料照会。すぐに調べて教えてくれた(あるいは『にべもなく断られた』)」などと、その人物の人間性がわかるような出来事について書き留めた。

そうやって仕事をするうえでポイントになる人物の理解を深めておけば、いざというとき、どういう接し方をすればいいか、ここ一番でほんとうに頼りになるのは誰か、そうしたことが見えてくる。自分の仕事の助けになるのだ。

「孫子の兵法」を実践する

　また人物観察は、部下の昇進の可否の判断などにも大いに役に立つ。

「死ぬ気で課長についていきます」などと調子のいいことを言いながら、陰では「あの馬鹿、何様だよ」などと悪口雑言《あっこうぞうごん》を並べる部下もいる。あるいはミスをしたとき尻拭いをしてもらうなどさんざん世話になっておきながら、上司が「宿敵」と呼ぶライバル社に平気で転職するような人間もいる。

　いい加減な人物を取り立てると、後で自分の首を絞めかねないのだ。

　部下の観察では、言動はもちろん、声や表情、歩く姿勢などにも注目するといい。特に「帰り際の後ろ姿」は要注目である。背中は自分で見えないので案外無防備だし、帰り際は仕事や職場からの解放感で気が緩《ゆる》む。その人の本音や隠れた胸の内が現れやすいのだ。

　毎日、注意して背中を見ていると、「今日はやけに肩が落ちているな」とか、「まるで逃げるみたいに背中を丸めて早く帰るな」とか、ふと感じるときがある。

　そうしたら、疲れがあるのか、体調が悪いのか、悩み事でもあるのか、早く帰らないといけない事情でもあるのか、などと疑ってみる。

　そして数日観察を続け、明らかに疲労や体調不良と思えるときは、

「大丈夫か。無理しないで休め」

などと言ったり、医者にかかることを勧めたりする。

体調面の問題とは思えない場合は、少なくとも三カ月は観察を続ける。その間、観察ノートに気になる出来事を記録し続ける。すると裏表がある人間、裏切りそうな部下というのは、何となくわかるようになる。キヤノン時代、この方法で観察を続けたら、「彼は辞めそうだな」というのは、ほぼ一〇〇％わかった。

観察ノートは、上司、部下、要所要所の人などは、最低三カ月は続けるといい。また後ろ姿というのは、部下だけでなく、その他の人物観察でも重要なポイントになる。

いずれにしろ、そうやって観察を行い、相手の人物理解を深めれば、どのように対応すればいいかも自ずとわかるようになる。孫子の兵法にもある。「彼を知り己れを知れば、百戦して殆《あやう》からず。彼を知らずして己れを知れば、一たびは勝ち一たびは負く。彼を知らず己れを知らざれば、戦う毎に必ず殆し」と（『兵法　孫子』大橋武夫／ＰＨＰ文庫）。

私は人から「鬼」と言われるほど厳しく、激しい性格だが、不幸中の幸いだったのは、その自覚が強く自分にもあり、だからこそ、「この性格で組織を生き抜いていくには〈彼を知る〉以外にない」と若いうちから思えたことだ。この激しい気性で誰彼かまわず、ぶつかっていったら、たちまち潰されてしまうのは目に見えていた。そういう意味では、己を知っていたとも言える。

部下にしても、厳しく接するので、なめられることはないが、一方で過剰に警戒され、鎧《よろい》をまとわれてしまうことも多い。私は酒を飲まないので酒席で腹を割る類の部下操縦法はできないし、その気もなかった。それだけに仕事を通じて、いかに部下の人間性を知るかは、私にとって若い頃からの重要なテーマだった。後ろ姿を中心に観察し、それを書き留める「観察ノート」は、試行錯誤の末にたどり着いたその答えだった。

観察力のある人は、細やかな目配り、気配りもできるので、ミスやムダが少なく、効率よく成果を上げる。部下の不調や異変にもすぐに気がつき、早めに手を打つこともできる。

上司の仕事を支えるのは、一にも二にも「観察力」なのである。

48 判断が難しいときは、とりあえず保留する

拙速な判断は、大きな損失を招く

人を見極めるには後ろ姿を中心に最低三カ月は観察を続ける――。前項で人物観察の要領についてそう述べた。ただし、日々「観察ノート」にあれこれ書き留めていっても、どういう人物なのか、なかなかつかめないこともある。

特に部下の場合は、いくつか仕事をやらせてみないと能力も人間性もわからないことが多く、一つの仕事だけですべてを判断するのは禁物だ。最初にいい仕事をしたのでAクラスかと思ったら、別の仕事をやらせたらさっぱりできない。結局、眼鏡違いのCクラスだった、というのはよくあることだ。

たとえば、守るべき手順を無視したのに、たまたま運よくできてしまったとか、こっそり手助けしてくれる人がいたとか、そういうこともあり得る。それを見逃すと、部下のほんとうの姿が見えなくなってしまう。それで「彼はできる」と思って、

だんだん大きい仕事を任せたら、ある日、手順を無視するなどして大失態をしでかすことが、ままあるのである。

前にフランスに特許の申請をしなかった担当者の話を書いたが、彼の場合もまさにそうで、もともと思い込みが強く、自分を過信するタイプだったのに、それが運よく大きなミスにつながることがなかったことから、それまで見過ごされていたのだ。

部下の能力をきちんと把握するためには、こまめな報告と毎週のレポートを部下に課し、日々の観察材料を増やすことである。それらを通じて仕事のやり方や人間性をいろいろな角度からチェックする。そうすれば、人物評価の精度はかなり上がるはずだ。

あるいは、部下が上げてくる企画で、すぐには判断がつきかねることもある。そういうときは、わからないまま企画にOKを出したり、逆に却下したりせずに、いったん判断を「保留」して、自分なりにしっかりと調べを尽くしてから結論を出すべきだ。

部下の企画を保留した場合には、そのまま放置するのは最悪で、部下に「いつまでに結論を出す。ただし判断材料として○○と△△が足りないから、その情報をすぐに出してくれ」と指示を出すことだ。それと並行して自分で調べたり、社内の信頼できる人間にも意見を聞いてみたりすることだ。

そのうえで、確信を持って部下に結論を与える。その作業を事前にすることは、企画が走り出す前に、不安な要素や、よくない芽を潰しておくことにもなる。その後の企画の成功確率が上がるのだ。

49 部下のすべてを把握するのは、一〇人が限界

優秀な課長クラスをいかに継続して育てるか

一般に一人の上司が面倒をみられる部下の適正人数は、だいたい五、六人で、七、八人になるとちょっと多いと言われている。私の経験でもそのあたりが妥当なところで、最大限頑張ったとしても一〇人が限界ではないかと思う。

実際、私がキヤノンの開発部門にいたときは、研究室や開発室の人員は一〇人を限度に考えるようにした。その範囲内であれば、部下の性格や癖、家族構成などの

バックグラウンドも把握できる。得手不得手や体調面なども含めて、指導管理ができる。

しかし、一〇人を超えてしまうと、ちょっと無理だ。とても手がまわらない。目が行き届かなくなってしまい、必ず問題が起きる。

ご存じのように、大きな会社であれば、そうした最小単位の部署がいくつもあって、それぞれに課長がおり、その上に部長、役員がいる、という構成になる。

強い組織を作るには、現場の実働部隊を預かる課長のところで優秀な人材を育て、課長に昇進させ、その彼にまた優秀な人材を育てさせるのがセオリーである。

具体的には、前にも述べたように、部下をA、B、Cの三つのクラスに分けて考えるようにして、上位五〇%のA、Bクラスの底上げを徹底的にはかるといいと思う。

そのなかから、これはと思う優秀な人材を課長に引き上げ、彼に一〇人なら一〇人の部下を預け、また優秀な人材を育てさせる。そうやって、たとえば、一〇人の優秀な課長を作って、それぞれに一〇人を預ければ、かなり鍛えられた一〇〇人の部隊ができる。

そのようにして課長は現場を、部長は課長を、役員は部長を、それぞれ管理指導し、そのなかから優秀な人材を取り立て、部下を任せる――。これを継続するのが、組織作りの基本である。なかでも一番重要になるのは、言うまでもなく、実働部隊を束ねる課長である。ここがしっかりしていないと、部署や会社としての成果が出ないのはもちろん、優秀な人材を育て、上へ上へと供給することもできなくなってしまう。

そこで部下の管理指導に問題のある課長は、早めに見切りをつけて、優秀な部下と入れ替えたほうがいい。そうやって常に優秀な課長が現場にいる組織は強い。

50　部下には、「①直接声をかける、②電話する、③手書きのコメント」の順番を心がける

上司は対話で部下を刺激せよ

3章でメールの弊害について書いた（※22参照）。メールに頼りすぎると人間関係力が弱くなり、人を巻き込んだ仕事ができなくなる、という話である。

そもそもメールで伝えられる情報は限られている。会合の日時などそのものずば

りの情報に関してはメールは記録性があり、後から確認できるので便利だが、機密性の高い情報とか、微妙なニュアンスを含むものとか、ほんとうに大事なことはメールでは無理だ。

直接会って、必要であれば、資料なども一緒に見ながら、じっくり話して、双方で確認し合わないと、思わぬ誤解を生みかねない。また会合の日時などをメールでやりとりする場合も、内容に間違いがないか、相手にきちんと伝わっているか、必ず一度は電話で確認する必要がある。

対人コミュニケーションの大原則は、「一に面談、二に電話」で、メールに頼りすぎるのは厳に慎むべきである。そうでないと、前にも述べたように、部下への指示もメールですますようになってしまう。

メールではその場で指示内容を復唱させ、その上で要点を確認することはできない。もとより自分の送ったメール本文が、指示内容を一〇〇%正しく伝える日本語になっていなかったら、話にならない。本人はちゃんとした文章を書いているつもりでも、他の人が見たら、「何が言いたいのかよくわからない」ということはしばしばあることだからだ。

日本語は読点一つで意味が変わる。

たとえば、次の三つの文を見てほしい。

①課長は、資料を見ながらパソコンで作業中の部下に声をかけた。
②課長は資料を見ながら、パソコンで作業中の部下に声をかけた。
③課長は資料を見ながらパソコンで作業中の部下に声をかけた。

さて、資料を見ているのは誰か？

答えは、①＝部下、②＝課長、③＝課長か部下かわからない、である。

読点の打ち方一つで意味が違ってきてしまうのである。

ことほどさように日本語は難しい。自分は相手にちゃんと伝わる正しい日本語を書いているつもりでも、実は相手はまるで違う意味で受け取る可能性があるのだ。

だから、直接話せる面談や電話が大事になる。

特に部下との関係では、面談に加え、朝夕の「声かけ」を心がけるといい。たとえば、朝の挨拶がてら「これ、どう思う？」とか、「昨日の件はどうなった？」とか、何でもいいから話をしたり、報告を求めたりする。あるいは報告書を返しながら、「よく書けている」とか、「ここはこうしたほうがいい」とか、一言、添えるのもいい。部下の観察になるし、やる気を刺激する効果もある。帰り際に「お疲れさま。また明日も頼むよ」と一声かけてもらうだけで、部下はほっとするものだ。それには、前にも述べたように、部下より早く会社に来て、部下より遅く帰る必要がある。そこまでしないと、部下のほんとうの姿は見えてこない。

直接会って話すのが難しい場合は電話で話す。メールは最後の手段で、それさえもほんとうはなるべく使うべきではない。というのも同じように文字の情報を使うなら、何もメールに頼らなくても、手書きのメモを残したり、報告書に直筆でコメントを書き込んだものを返したり、ＦＡＸで送るなど、ほかにも方法はあるからだ。

私は部下指導に報告書をよく利用するが、部下から報告書が上がってきたら、「素晴らしい。◎」とか、「見逃しあり。要再考」とか、「数値は正しいか。データを取り直すべき」とか、必ず手書きのメッセージを書いて返すようにしている。

手書きとメールでは、同じ文字のメッセージでも、相手に訴える力は全然違う。直筆のほうが断然効果がある。それは同じ手紙でも、パソコンで作った文書を印刷したものより手書きのほうが何倍も有り難みがあるのと一緒である。実際、メールではなかなか返事がこないのに、手書きのメッセージを送ったら、すぐに返事が返ってきたりする。

それだけ手書きのほうがメッセージ性が強く、相手の心に届きやすいのである。手書きの文字にはその人の人柄や思いや肉声を伝える効果があるのだろう。直接の対話（面談、声かけ）や電話が難しいときは、安易にメールに頼るのではなく、一手間かけて、手書きのメッセージを利用することだ。

51 部下と話すときは、部下と「目線の高さ」を同じにする

作業中でも部下の話はちゃんと聞く

会議や出張続きでデスクワークがたまっている。やっと少し時間ができたのでパソコンで報告書を作っていたら、部下から「ちょっといいでしょうか」と話しかけられた。「なんだよ、せっかく集中してやってたのに……」、そう思い、部下の顔もろくに見ないで、つい、パソコンに向かったまま、報告を適当に聞き流してしまった……。

作業中に部下から話しかけられると、「面倒くさい」「後にしてほしい」と思いが

ちである。正直に白状すれば、私だって、そういうときがないとは言わない。

しかし、よほど鈍い部下でない限り、いつ上司に声をかければいいか、いつなら迷惑がかからないか、話しかけるタイミングはうかがっているものだ。

だから、部下から声をかけられたら、作業の手を止め、パソコンから目を離し、必ず部下と向き合い、視線を合わせて話を聞くようにすべきである。そうすることで部下は、ちゃんと上司に話を聞いてもらったと実感し、安心することができる。

大事な報告をしているのに、パソコンで作業しながら、「うん、そうか」などと生返事をされたら、「課長、機嫌が悪いのかな？　まずかったかな……」と不安になるし、何より、「ちゃんと聞いているのかな？」と心配になる。

それで後になって、「そんな話、オレは聞いてないぞ！」などと怒られたのではたまったものではない。作業中でもいったん手を止め、きちんと部下と向き合い、目を見て話す。それが部下と話すときの大原則だ。

そのためのポイントは、

①部下と正対する

②目線の高さを同じにする

ことである。顔を横に向けただけでは、いかにも片手間な印象を与える。必ず正対することだ。また目線の高さを同じにすることも大事だ。部下を立たせ、上司が座ったままだと、椅子にふんぞり返って下からなめるように見る感じになる。これでは立たされて怒られているみたいだ。一緒に立つか座るかして物理的に目線を合わせるようにしたい。

なお、手が離せないとき、よく「後にしてくれ」という上司がいるが、それでは「後」がいつなのかわからない。こんなときは、「いまでないとダメか?」と確認のうえ、「○時には手があくから」と時間を指定して、出直してもらうことだ。

52 手段において朝令暮改は構わない。ただし部下の意見を採用する形にする

「一月三舟《いちげつさんしゅう》」の発想

仕事は、思いつきでやると失敗しやすい。そこで大事になるのは、

①情報の確認

②熟慮熟考の慎重さ

である。思いつきの根拠が間違っていたのでは、正しい判断などできるはずがない。いい加減な情報をもとに行動に移せば、必ずおかしな方向へ物事は進んでしまう。メディアの情報であれ、人から聞いた話であれ、その「精度の確認」は必須である。

そのうえで、思いついたことについて熟慮熟考する。具体的には二、三日おいて考え直し、また二、三日おいて考え直す。そうやって一週間くらいじっくり考えると、冷静な判断ができるようになる。

私の場合、思いつきのアイデアは、一〇回のうち九回はやめる。そのまま実行に移すのは一〇回に一回あるかどうかだ。

研究開発の世界であれば、実験で思いつきの確認ができるが、マネジメントではそれができない。だから、ほんとうにやるべきか、やっても大丈夫か、十分慎重に検討を重ねる必要がある。

その際、ぜひ参考にしてほしいのは、「一月三舟」の発想だ。一月三舟とは仏教の言葉で、同じ月でも止まっている舟から見る月は動かず、南へ行く舟から見る月は南に動き、北へ行く舟から見る月は北へ動くように見える。一つのこともそれぞれに異なって受け取ることができ、いろいろな見方をすることができる、ということのたとえだ。

私はこの言葉を、思いつきの行動を戒め、他の可能性はないか、物事を多面的にとらえるための座右《ざゆう》の銘《めい》としている。一度、正面から見ただけで、「素晴らしい！」と即断するのではなく、右からも見てみる、左からも見てみる、後ろからも見てみる。

そうやって最低三度は立ち位置を変えて見る。すると別の視座、視点から思いつきのリスクが回避できたり、よりよい判断や発想が得やすくなる。

その結果、たとえば、前に指示した内容を、後で改めることもある。一度掲げた部署の方針は、よほどのことがない限り、曲げてはいけないが、それを実現するための手段は、こうしたほうがもっとよいと思えば、臨機応変に変えてかまわない。

要は、なすべきことは何か、ということであって、目的を達成するためによりよい手段があるなら、どんどんそれを採用すればいいのである。

実際、キヤノン時代の上司だった鈴川さんや山路さんは、絶対に方針はブレないが、手段を改めることには躊躇《ちゅうちょ》がなかった。目標は大きければ大きいほど立ち塞《ふさ》がる壁も大きく、高くなる。その壁にひるむことなく、挑戦し続けるには、一度や二度うまくいかなかったからといって諦めているようではダメだ。

「ほかに方法はないか」と、ありとあらゆる可能性を追求し続けなかったら、道など開けるはずがない。そうやって考え得るすべての可能性にチャレンジし、それでもダメだったとき、初めて「失敗」という言葉は使用を許される。

だから、ほかにもっとよい方法があれば、どんどん修正すればよい。ただし、上司の朝令暮改は、部下の不信をかいかねない。だから前言を翻《ひるがえ》すときは、部下の信頼を失わないように、必ず大義名分として部下の意見を採用する形にするといい。

たとえば――。

「あなたの先日の報告書を読み直した。○○に関する指摘には一理ある。それでやはりこうしたほうがいいと思った。だからこれでいく。頑張ってほしい」

これなら部下は納得するし、自分の意見を採用してもらったことに喜びも感じる。上司の指示に対してもこれまで以上に意気に感じて一生懸命に取り組むようになるだろう。

53　人に会いに行くときは、ちょっとした手土産を欠かさない

優秀な営業マンは手土産の使い方がうまい

私はキヤノン時代に生産本部長を務めたことがある。

キヤノンぐらいの規模の会社となると、部品などの年間の購入額は一兆円を超え、取引先も三〇〇〇社以上にもなる。訪ねて来る営業マンの数もべらぼうに多い。

私はどんな仕事についてもその道の第一人者になることを目指していたから、このときも、できる営業マンとはいかなるものか、訪ねて来る面々をよく観察した。

その結果、わかったことが三つある。優秀な営業マンというのは、たいてい、

①紹介営業に徹している
②キーパーソンを嗅《か》ぎ分ける能力に優れている
③手土産の使い方がうまい

のである。紹介営業の効率のよさは前にも述べた通りで（※9参照）、飛び込み営業の比ではない。優秀な営業マンは、その多くが紹介営業に徹していた。

また、商談の鍵を握る人物を嗅ぎ分けたり、上手に手土産を使う人も多かった。

たとえば、ある経営者からこんな話を聞いたことがある。

「私はお茶が好きで、家でも会社でもよく飲む。好みは秘書がよく知っているので、産地や銘柄はすべて任せてあった。そうしたら、どこでそれを知ったのか、秘書に手土産を持って営業に来るのがいて、気がつけば、いつのまにかそこのお茶に変わっていた。前のお茶もよかったが、これも渋からず、甘からずで、まさに私好み。これなら贈答にも使えるというので、その後、会社でもよく使うようになった。その営業マンの戦略にまんまとしてやられたというわけさ」

社長のお茶好きやキーパーソンが秘書であることを、その営業マンは受付でのおしゃべりで知ったのだという。受付にもちょっとしたお菓子などをいつも忘れなかったらしい。将を射んと欲すればまず馬を射よ、というわけである。

手土産は上手に使えば、効果が大きい。人は何かをもらって嫌な印象は持たないし、なかなか忘れずに覚えている。それだけで営業のハードルはぐんと下がる。ここぞというときは、手土産自体に話題性や物語性のあるような気の利いた品を持参したい。

よく訪問している相手であれば、手土産は何も高価である必要はない。

「あそこの角の和菓子屋さんの桜餅があんまりおいしそうなんで、つい買ってきてしまいました。みなさんでどうぞ」

そう言って五〇〇～一〇〇〇円程度のお菓子でも持って行けば、十分である。これなら相手も負担に感じないし、それでいて大いに喜んでもらえる。

それこそ盆暮れに五〇〇〇円ずつ贈答品を贈るより、そうやって少額のお菓子を何回も手土産にしたほうが相手はずっと喜ぶのではないかと思う。

名のある老舗《しにせ》の菓子折りなどと違って、紙袋に入っただけの、文字通りちょっとした手土産であれば、相手は、「これは領収証はもらってない。営業マンが自腹で買ってきた」と思う。それは彼の気持ちであり、誠意の証だ。

だから、余計に感謝して、好印象を持つ。これを積み重ねていけば、やがては、「彼も頑張っているから、少しは応援してやろうか」

と思ってくれるかもしれない。

紹介営業で商談の意思決定権者のところまでダイレクトに行ければ一番いいが、

一方でこうした地道な営業が小さな突破口となり、やがて大きな商談につながることもある。

手土産を「生き金」にして印象に残る営業を心がけることである。

54 大きな仕事を終えた部下は、すぐに休ませない

仕事を徐々に減らし、ソフトランディングさせる

大仕事を終えた後というのは誰しも気が抜ける。そんなときに限ってよく風邪をひいたりする。「病は気から」と言うが、それまでの過度の緊張から一気に解放されると、気が緩んだ分、たぶん心身のバランスが微妙に崩れるのだと思う。それで体調がおかしくなる。

風邪くらいならいいが、ある種の虚無感のようなものに襲われるのか、なかには急に会社を辞めたり、うつ病や双極性障害（躁うつ病）などになる人もいる。作家でも大作を書き上げた後に自ら命を絶つケースがあるが、やはりそうした心身のバ

ランスの崩れに起因するのかもしれない。

私自身、キヤノン時代にそうした心の病を発症した部下を何人か見ているので、よくわかるのだが、上司というのはどうしても仕事の達成こそがミッションになり、その後の部下のケアが疎《おろそ》かになりがちだ。

つい、よかれと思って、「今回は疲れただろう。しばらくはのんびりやってくればいいから」などと言って、たまった有給休暇の消化を勧めてしまったりする。私もそうだった。それこそが部下への気遣いと思ったのだが、ほんとうは違う。それだと風船に針を突き刺すようなもので、部下の張りつめていた気持ちが一気に萎《しぼ》んでしまう。あるいはパンと破裂してしまう。それでうつになったり、辞表を書いたりする。

心身のバランスを崩すことなく、それまでの過度の緊張を解いてやるには、一気に仕事から解放するのではなく、徐々に仕事を減らしていって、ソフトランディングさせてやるのが一番いい。風船の空気はゆっくり抜いてやるべきなのだ。

私自身、何度か苦い経験をしてからは、大きな仕事が終わった後は、部下を休ませないようにしたし、空白期間を作らないように、すぐにちょっとした仕事を入れた。そして、下の人間にもそうするよう指導した。

そうやって徐々に仕事を減らし、過度の緊張がだいぶやわらいできたなと思ったら、

「仕事も一段落したことだし、ここらで休みを取ったらどうだ」

と勧める。それが一番いいやり方ではないかと思う。

これまで数多くの部下を見てきたが、心の病の予兆を見抜くのは難しい。能力が足りないのに管理職に昇進したことが原因で発症する人もいれば、Ａクラスのとびきり優秀な人材が自分の負荷の限界に気づかず、頑張りすぎて潰れてしまう場合もある。

長年の観察ノートの経験から言えるのは、「目の動き」だ。すわりが悪く、ちょこちょこと落ち着きなく動くタイプは、注意して見てあげるほうがいい。

あるとき、そのタイプがうつになり、親御さんと話す機会があったのだが、「心配はしてたんですが、やっぱり出ちゃいましたか」と言っていた。

そこまで至らないうちに部下のケアをするには、一にも二にも日頃の観察に尽きる。部下の後ろ姿にいつもと違う何かを感じたら、「どうした、大丈夫か？」と一声かけ、必要であれば、相談に乗ったり、早く帰らせたり、休暇を取らせたり、医者を勧めるなど、できる手を早めに打ち、フォローすることだ。

これをしないと仕事でミスをする可能性が高まり、そうなると余計に部下は落ち込んでしまう。真面目で優秀な人ほど、そうしたミスにショックを受け、自分を責めやすい。

なお、私の経験では、うつ病などで休職していた人が復職するときは、同じ部署に戻さないほうがいい。職場環境が変わらないと、結局、うつを再発するケースが多いからで、本人の希望もあるが、できれば違う部署の仕事に就けるほうがいいと思う。

55 創造力のある強い組織を作るには、生意気な「異能の人」を排除しない

人材の四分類

私は人材を次の四つに分けて考えるようにしている。

①一流の人＝上司から見たとき「生意気な人」

・問題が発生しないように常に先手先手を打てる
・夢とロマンを含めた新しいビジョンを描ける構想力を持っている

②二流の人＝上司から見たとき「仕事ができる人」
・問題の本質まで分析して適切な解決策を見出せる
・新ビジョンを構想する力はないが、実行すべき要素を分析し、実現可能な姿に要素を統合し直す力はある

③三流の人＝上司から見たとき「あいつはよくやっている人」
・問題を対症療法的に解決するが、本質を理解し、根本的に解決することはできない
・常識の吟味を欠いた、たんなる思いつきで行動する

④四流の人＝上司から見たとき「可愛い人」
・問題に気づかず放ったらかしにしている
・鋭敏な感性や柔軟な思考力がなく、常識にも欠ける

組織としての人材育成の肝は、いかに一流の人、つまり生意気な人を見出し、次世代に託すか、にある。ここで言う生意気な人とは、いわゆる異能の人材を言う。彼らは先見性や独創性が鋭いので、それを生かせる仕事に就けると無類の力を発揮する。

日本は「お盆の上の小豆《あずき》」と揶揄《やゆ》されるように極めて同質性の強い社会である。このため特に異能タイプは、独特の物言いなどから、昔もいまも排除されやすい。異能の人は先が読めるので、「先々どうせこうなるから、そんなことをやってもムダです」などとつい言ってしまう。このため周囲から生意気に思われ、疎まれやすいのだ。

私は異能でもなんでもないが、キヤノンに入ったときから相当に生意気な口をきいていた。それでも排除されずにすんだのは、前にも述べたように、人の何倍も働いてきたのと、山路さんや鈴川さんのようにいい上司に恵まれたからだ。某メーカーの総責任者を務めた方に、こう言われたことがある。

「あなたはキヤノンという会社に入ったことに感謝しなさい。もしウチに来ていたらとっくに潰されていたよ」

それだけ生意気な人間も受け入れる風土が、昔からキヤノンにはあったということだ。

異能を生かすには、ほんとうの異能か、ただの生意気か、その見極めがとても大事になる。両者の違いを一言でいえば、「先を読む力があるかどうか、自分のビジョンを持っているかどうか」だ。

たとえば、ある企画に反対するとしたら、異能の人は、なぜやってもムダなのか、まるで未来の失敗を見てきたかのように具体的な批判をする。ただの生意気な人間には、そうした具体的な批判はできない。

異能とただの生意気を見分けるのは簡単ではないが、これは一つの判断材料である。

部下のタイプに応じて役割を与える

かつて私は、研究開発の部隊を率いていたときに、部下に仕事の役割を割り振るに当たって、

①選択する人（先頭を切る人）

②間をつなぐ人
③最後の仕上げをする人

の三つに分けたことがある。

あるとき、先頭を切る「選択」のポジションに入社二年目の若い部下を就けた。それでも靴のかかとをぺったらぺったら引きずって歩く男で、とにかく生意気だった。それでも言っていることは正しいし、先も読める。勉強熱心な点も評価できた。技術系なのにわざわざハーバード・ビジネス・スクールの教科書を取り寄せて勉強しているほどで、向上心は半端ではなかった。

「選択」は入口であり、すべてに優先する。ここで間違うと大変なことになる。それでこの男なら大丈夫だろうと思い、先頭を任せた。彼は期待に応え、見事に成果を出してくれた。それでその後も先頭を任せていたのだが、本人はそれが面白くなかったようだ。

なぜなら、社内の評価は最後に仕上げる人がたいてい持っていくからだ。

「オレはこんなにやっているのに、どうして最後までやらせてくれないのか。あの人はオレが嫌いなんじゃないか」

彼はそう思うようになった。私も実は研究開発の仕事では「選択」ばかりをやらされてきたのだが、面白いとは思っても、不満に感じたことは一度もなかった。私は初めての仕事、道なきところに道を作るのが好きで、逆に、ある程度見通しが立つと飽きてしまうところがあり、彼も同じタイプだと思い込んでいたが、そうではなかった。彼は最初から最後まで手がけたいタイプだったのだ。

誰もが自分と同じ気持ちではないことを知り、部下指導の教訓の一つとなった。彼の不満に気づいてからは、最後の仕上げも彼に任せるようにしたが、「オレにも仕上げを」と言うだけあって、なかなかいい仕事をしたものだ。

ただし、このように「選択」と「最後の仕上げ」を両方できる人は少ない。彼は最後の仕上げも上手にこなす稀有《けう》な人材だったが、先頭に適した人は後ろの仕上げはたいてい下手だ。いざやってみて、それに気づく人も多い。ただ、やってみないと本人は納得しない。だから、一度はやらせてみる。それで「オレには向かないな」と自覚させる。それが大事なのだ。

やらせてみるとは言っても、大怪我《けが》をしないようにフォローも必要である。新しい技術開発で抜群の腕を発揮する人に、製品化の仕上げの段階も任せてみるときは、大失敗しないように上司である自分が適切なフォローをしないといけない。技術開発の失敗は表に出ないが、製品が売れないと失点として、彼のキャリアに大きな傷をつけかねないからだ。

部下に新たなチャレンジをさせるときは、上司にも周到な準備が必要である。

56 ビジネスは戦争。何事も「算多きが勝つ」

相手の立場になり先回りして準備する

ビジネスは戦争である。事前にしっかり準備をして、たくさん情報を集めたほうがたいてい勝つ。たとえば、交渉事であれば、事前の情報戦の勝利が必須である。相手が五の準備をするなら、こちらは一〇の準備をして万全の態勢で臨む。自信のない交渉はやっても必ず負ける。勝てる確信がなければ交渉の席についてはいけないのだ。

だから事前の調査は徹底的に行う。相手方の担当者やキーパーソンについて家族構成、出身校、経歴、人脈、性格、趣味などを調べ上げ、分析し、交渉に臨む。

なぜそこまで調べるかと言えば、たとえば、家族構成から長男が来年就職を控えているなど相手の攻めどころが見えてくることがあるからだ。そうしたら就職の世話をしてやればいい。それで交渉がうまくいくなら、お安い御用だろう。

海外での交渉では宗教の調査も欠かせない。戒律の関係でイスラムは豚、ヒンドゥは牛がダメだ。会食をセッティングする場合などはそれを知らないと話にならない。

兵法書の『孫子』にもこうある。「夫《そ》れ未だ戦わずして廟算《びょうさん》するに、勝つ者は、算を得ること多し。未だ戦わずして廟算するに、勝たざる者は算を得ること少なし。算多きは勝ち、算少なきは勝たず。況《いわ》んや算なきにおいてをや」（前出『兵法　孫子』）。

算は勝算、廟算は開戦前の軍議のことで、要するに、事前に周到な準備を行い、そこで勝っている者が、実際の戦でも勝利するということである。

その際、忘れてならないのは「相手の立場に立って考える」という姿勢である。本書の冒頭で「自分、上、下、横、外」に気をつけるべきという話をしたが、交渉事の相手はまさに「外」。相手方の担当者やキーパーソンの立場になって、「自分が彼の立場なら、どういう攻め手を選ぶだろう？」

とあれこれ想像してみる。そのうえでこちらの攻め手を考え、練る。そうすれば、相手よりも常に一手二手先んじていろいろな準備ができる。

逆に言えば、この作業をしないと、「相手はきっとこう考えているに違いない」などと勝手な思い込みで自分に都合のいい準備しかしなくなってしまう。思い込みは諸悪の根源であり、情報収集の甘さなど、必ず手抜きに通じる。

相手の立場に立ち、必ず先回りして準備することである。

ただし、交渉事は人のやることだから、無論、事前の準備を万端整えて臨んでも必ず成功するとは限らない。そんなときものを言うのは度量や胆力、つまり人間力である。

たとえば、こちらの立場が弱く、それでも相手とビジネスをしなければならないとき、相手が商道徳に反する不誠実な態度を示したとする。売ると約束していたのに「そんな話は知らない」などと約束を反故にしたような場合だ。そんなときは、極端に言えば、「ここで腹を切る」と決死の覚悟を見せて、相手をこちらの誠実の土俵に引き戻すことだ。

逆にこちらの立場が強く、相手に対して強気に出られるときは、あえて一歩下がる。立場を笠に着て相手を屈服させるようなことは絶対にしてはいけない。むしろ譲れるところは譲る。相手が苦しいときほど、そうする。そうすれば、相手は必ずホロッとするし、先々無理をきいてほしいときに協力してくれる。だから譲れるときは譲ればいいのだ。

交渉事は、押したり、引いたり、とにかく人間力が試される場である。そこで存分に戦うには、一にも二にも相手の立場に立って考えること。それに尽きる。

57　成果が上がらないときは必ず、部下ではなく上司が悪い

部下が腐ったら、自分の責任と考える

部下の成績が上がらないのは、本人というより、上司に問題がある場合が多い。

キヤノン電子は秩父地方（秩父市と秩父郡をあわせた地域）でキヤノン製品の販売代理店もやっており、その地域における複写機などのシェアは八〇％を超える。しかし私が行く前は二〇％もなかった。営業部隊がまったく機能していなかったからで、その責任の大半は部隊を統括していたある管理職にあった。

とにかく問題の多い人物で、部下の指導はしないし、自分の売上（ノルマ）も達成しない。それを上手にごまかして、いかにも達成しているように偽装していた。行動観察の一環で、ある日、その管理職が営業訪問しているはずの役所に電話をしてみた。すると、確かにいるにはいたが、そこは購買関係の部署ではなかった。まったく関係のない部署で若い女の子とおしゃべりしていたのだ。

役所の人が言うには、「いつもそうやってあちこちの部署へ顔を出しては世間話をしている。営業しているところなど見たことがない」という。

念のため、他の訪問先も確認したが、同様に世間話をするだけだったり、そもそもまったく訪問した形跡がないケースも少なくなかった。

これでは部下の成績が上がるはずがない。なぜなら、部下は上司の姿を見て、必ず真似をするからだ。鑑《かがみ》となるべき上司がこれでは、部下もダメになるに決まっている。どれほど優秀な部下であっても、上司が腐っていたら、必ず腐る。

上司の悪いところが、全部染み付いてしまうのだ。

しかも、一度そうやって染み付いた悪癖《あくへき》は、なかなか直らない。私は高校のときスケートで種々の大会に出場したことがあるので、キヤノン時代、同僚に頼まれ、よくスケートを教えた。経験が浅く、変な癖のついていない人は、正しい滑り方を教えると、すぐに覚えるが、五年、一〇年、我流で変な癖をつけてしまった人は、いくら正しい滑り方を教えても、ちっとも直らなかった。

悪い上司のもとで何年もいた部下も一緒である。染み付いた悪癖を直すのは容易なことではない。だから、それ以上、悪いウイルスに感染する部下が出ないように、悪い上司は降格してもらわないといけない。

もし、新入社員で自分のところに来た部下が、たるんだ姿勢で働いていたら、それは一〇〇%自分の問題だと捉えないといけない。子どもが親の鏡であるように、新入社員は上司の鏡である。

何年も甘い働き方をしてきた部下が自分の下についたら、再教育の可能性の有無を判断して、厳しい場合は見切りをつけて、伸びる人材を伸ばしたほうがいいのは、先にも述べた通りである（※34・35・36参照）。

いずれにしても、部下は自分の鏡と思って、常に自分を省みる姿勢が課長になったら欠かせないのだ。

6章

上に立つ人は倫理を大事にする

——自分を犠牲にして社員を守る覚悟を

58 リーダーを目指す人は、自己犠牲の精神を持ち、サラリーマン精神を忘れない

管理職に必要な二つの資質

キヤノン電子には昇進のための明確な条件がある。

「①対人関係に優れ、②まとめる力があり、③組織全体の使命のために献身し、④チームで働くことができ、⑤コーチを務め、⑥反省し、⑦他人の意見を受け入れ、⑧かつ意見を言い、⑨社員の努力を助ける」――。

キヤノン電子ではこれを「昇進のための九つの条件」と呼んでいる。この条件を満たした人だけが昇進の対象となり、管理職の階段を上がっていく。では最終的に部署や部門、組織のリーダーにまで登りつめるにはどのような資質が必要になるのだろうか。

私は次の二つを指摘しておきたい。

①自己犠牲の精神がある

②サラリーマン精神がある

リーダーには「自己犠牲の精神」が絶対に欠かせない。部下の仕事と生活を守るためには、自分を犠牲にして会社のことを優先させないといけない。

たとえば、部下をよく知り、見守るために「朝早く来て、最後に帰る」のはそのための第一歩である。私は毎朝六時三〇分に出社し、夜八時半ごろに退社する。オン・オフなどなくて、それこそ二四時間、会社のこと、仕事のことを考えている。

それができない管理職はいいリーダーにはなれない。リーダーが自ら犠牲を払ってこそ、部下も進んで組織のために貢献するようになる。自分を犠牲にして社員のため、会社のために一〇〇％尽くせない人間にリーダーとなる資格はない。

「サラリーマン精神」も重要である。管理職になった途端、威張り出す人がいるが、そういう人はついこの間まで自分も指示される立場だったことをすっかり忘れてしまっている。

サラリーマン精神がとくに必要になるのは、取締役など経営陣に加わってからである。自分も会社に生活を守られてきたサラリーマンであるという事実を、経営者になったとたん忘れてしまう人が、安易なリストラ（首切り）などを行うのだ。

経営者を目指す人は、会社のため、部下の生活を守るため自分の生活を犠牲にして働き、かつ部下と同じサラリーマンであるという目線を忘れてはいけないのだ。

59 管理職は「いざというとき」のために存在する

トラブルのときこそ、先頭に立つ

「オレは知らないからな。お前の責任で解決しろ」――。

部下を見捨てる上司は、人として最低である。育てるためには安易な手助けは控えるべきだが、いよいよ立ち往生し、途方に暮れるようであれば、しっかりフォローし、問題を解決してやらないといけない。

こんなことがあった。弊社のグループ会社の一つにA社というソフトウエア会社がある。そのA社が地方のある金融機関から手形照合機を受注し、ある機械メーカーと組んで作ることになった。ところが、設計などの技術的な問題から約束の期日までに納品できなくなってしまった。

ちょうどそんなとき、弊社のグループ会議があり、A社の幹部も出席していたのだが、その最中《さなか》、突如としてその幹部が倒れた。対策に追われ、徹夜続きで疲労が極限に達していたらしい。それまで照合機の件は一切報告がなかったので、本社は何も知らずにいたのだが、はからずも幹部が倒れたことで我々の知るところとなった。

すぐにA社の社長を呼んで詳しい事情を聞くとともに問題となっている技術的な課題について検討した。すると幸いなことにソフト、ハードともに弊社の持つ手形照合機の技術で十分対応可能とわかり、一〇日ほどで受注品を完成させることができた。

これで一件落着と思ったら、そうではなかった。納期はとうに過ぎており、実際に照合機を動かすには先方と日程調整をしなければならない。当然、A社の担当者はお詫びがてら、ただちに現地へ飛んだものとばかり思っていた。ところが、違った。こともあろうに完成の報告や今後の日程調整などをすべてメールですまそうとしたのだ。納期に遅れ、いまさらきまりが悪いと考え、顔を合わせたくなかったようだ。

私は開いた口が塞がらなかった。先方の担当者は、納品遅れがわかり、心配でならなかったはずだ。それこそ上の人間からは、「なぜそんな会社に頼んだ！」と叱責され、立場をなくしていたに違いない。それを思えば、「大変なご迷惑をおかけしましたが、無事に完成しました」とすぐにも電話を入れて安心してもらうとともに、「いまからご報告にうかがいます」と言ってただちに現地へ飛ぶのが、担当者が果たすべき務めだし、道理というものだろう。

そういう当たり前のことをやっておかないと、A社の評判にかかわるだけでなく、弊社が今後、手形照合機を受注するチャンスがあっても、「あそこは過去にこんなことをした会社の親会社だから……」と言われ、商機を逃すことになるかもしれないのだ。

また金融機関は横のつながりが非常に強いから、下手をすれば、よその金融機関にも悪評が流れ、いままで取引のあったところからも「今後のおつき合いは……」と敬遠されるおそれだってある。A社だけの問題ではないし、今回のことだけではすまないのだ。

だから私は「なぜ行かないんだ！」とA社の担当者に強く言い、急ぎ現地へ向かわせた。到着したのはもう夜だったが、先方の担当者は待っていてくれて、照合機の完成を喜び、歓待してくれたという。翌朝、改めてお詫びかたがた報告に出向くと幹部からも「無事にできて何より」と慰労《いろう》されたそうだ。人として当たり前の誠意を見せれば、たとえ失態があっても心は通じる。禍《わざわい》転じて福となすで、信頼を得ることもできる。

管理職はいざというときのために存在する。トラブルを先頭に立って解決してこそ、管理職としての存在意義があるということを忘れないことだ。

60　目標を達成するために、上司は部下の三、四倍働く

人は面白い仕事なら、苦にならない

キヤノン時代、私は役員になるまで夏休みを取ったことがなかった。会社に一、二カ月泊まり込み、家内が会社に着替えを持ってくることも珍しくなかった。

また、いざというときはすぐに部下をフォローできるように、そのための準備もしていた。たとえば、部下が五人いれば、五人分のフォローが必要になる。失敗の

パターンは経験からある程度予想できるので、五人分の仕事をまるまるフォローするわけではないが、それは自分の仕事のほかにだから、やはり部下の三、四倍は働くことになる。

部下より早く出て遅く帰るなど気配り、目配りも必要になる。二四時間仕事のことを考え、二〇時間働く——。意識としては完全にそんな感じだった。

ヨーロッパで通信機の発表会があるときは、一カ月くらいスイスで準備をするのだが、これがほとんど寝る時間も取れないくらいのハードワークで、スタッフ会議の最中に睡魔に襲われ、よく寝たものだ。当時、社長だった山路さんが話している最中でも寝るものだから、まわりがハラハラしていたらしい。

会議で寝たのは一度や二度ではないが、山路さんに怒られたことは一度もない。「あいつはあれだけ働いているんだからいいじゃないか」、そう思ってくれていたようだ。

今時は流行《はや》らない、高度経済成長下の「モーレツ社員」の典型だと思うが、義務から働かされていた、という気持ちはまったくない。仕事が面白いから夢中になって毎日働いていた、というのが素直な実感だ。二〇代、三〇代は、研究開発の最前線でもの作りに励んでいたから、これまでの仕事人生を振り返っても、当時の仕事が一番面白かったと言える。

昨今は「ワーク・ライフ・バランス」ということが言われて、仕事と私生活のバランスを重視する風潮が強いし、それは悪いことではない。

ただ、外資系でも日本の企業でも、人の上に立つ人は、一般の社員の数倍働いている人がほとんどだし、それを苦に思わない、仕事好きな人が多いのも事実である。逆にいえば、経営者を志すのであれば、それぐらい仕事が好きでないといけないのかもしれない。

人の上に立ちたいから、威張りたいから、給料が良いから、世間体が良いから、といったつまらない虚栄心では経営者は務まらないということだと思う。

61　出世しても、雑用ができる人間でいる

自分でできることは、自分でする

出世すると、雑用の一切をやらなくなる人がいる。しかし、これはよくない。管

理職や役員だからと言って、自分ですればすぐに終わるような雑用もすべて部下に押しつけるような偉そうな振る舞いはいかにもみっともない。

それにそんなことをしていたら部下の立場でものが考えられなくなる。それは上司として致命的だ。サラリーマン精神を失《な》くし、部下の立場で考えられなくなったら、適切な指示や指導、管理ができるはずがないからだ。

その点、キヤノン時代に私が仕えた上司は、雑用を厭《いと》わない人が多かった。

こんなことがあった。あるとき箱根でキヤノンと某メーカーとの交流会があり、夕食後、麻雀になった。当時の社長の賀来さんは、翌日所用で、途中で帰ることになっていた。キヤノンの面々はあらかじめ知っていたが、誰も賀来さんを玄関に送っていかない。

それを見て、某メーカーの人たちは、「賀来さん、帰るってよ」とわざわざ我々に声をかけてきた。「あんたら、ボスが帰るのに見送りしなくていいのか」というわけだ。

でも、キヤノンは三自の精神だから、賀来さんだろうが、山路さんだろうが、「じゃ、お先に」で一人で勝手に帰っていくし、こちらも「お疲れ様でした」ですんでしまう。

しかし、それは某メーカーの人たちには理解できない振る舞いと映ったようで、慌てて何人かが賀来さんの後を追うと、かばんを持ち、車まで送って行った。自分とこの社長でもないのに、と笑ったのを覚えている。

山路さんが社長のときには、海外出張に「お供しましょうか」などと言おうものなら、「何で来るの？　かばん持ちだったら、いらないから」とぴしゃりと言われてしまったものだ。

山路さんはコピーだって自分で取った。気を回して「私が」と誰かが取ろうとすると、「キヤノンのコピー機を作ったのは私ですよ。なんであなたに頼まなきゃいけないんですか」と言って、さっさと自分で取っていた。実際、会議用に大量のコピーを取るような場合はともかく、数部をコピーするだけなら、秘書を呼んで頼むより、自分で動いたほうがよっぽど早いのだ。

それが当たり前の風土で育ったので、私も講演だろうが海外だろうが、常に一人で行く。

どんなに役職が上がっても、「三自の精神」を失わず、自分でできる雑用はサッサと自分ですます。これは自分を増長させないため、自分を偉いと勘違いしないために、案外、大切な習慣だと思う。

62 かけた情は水に流せ 受けた恩は石に刻め

恩着せがましい人間にはなるな

信州上田の別所温泉の近くに前山寺《ぜんさんじ》という真言宗智山《ちさん》派のお寺がある。国の重要文化財に指定された「未完成の完成の塔」と呼ばれる三重塔があることで知られるお寺である。

この前山寺の参道にこんな言葉が刻まれた石碑がある。

「かけた情は水に流せ
受けた恩は石に刻め」

思わず、膝を打ちたくなるようないい言葉で、そこには人生の真実がたっぷり込められている（誰の言葉だろうと思い、前山寺に問い合わせたが、残念ながらわからないとの答えであった）。

序章で私はこう書いた。「キヤノン電子の社長業が、実は一番面白みがないかもしれない。たいていのことはそうやってキヤノンで経験したことの繰り返しで対応できるからだ」と。それでも引き受けた一番の理由は、実は前任社長の田中正博さんへの恩義からであった。

田中さんはキヤノンのカメラ部門の責任者だった人で、事務機の私とは部門は違ったけれど、何かと気にかけ、よく面倒を見てくれた。私は生意気だったから、若い頃は敵も多く、いじめにもあった。そんなとき、「あなたの言ってることはもっともだ。予算がなければうちのやつを使え」と目をかけ、応援してくれた。

だから、田中さんがキヤノン電子の社長になったときは、私がキヤノンの生産本部長になっていたので、「工場のことなら私のほうが詳しいですから」といろいろ手配してあげるなど、できることは何でも協力した。

それでも若い頃に受けた恩は、まだまだそんなことでは到底返し切れないと思っていた。そうしたら田中さんから、キヤノン電子を頼むと頭を下げられた。恩ある人からそこまでされたら、断るわけにはいかない。それで引き受けることにしたのだ。

人はとかく、受けた恩は水に流し、かけた情を石に刻みがちだ。そして、やれあんなによくしてやったのにとか、あのときの貸しを返してくれとか、何かというと恩着せがましい発想、物言いをしがちである。

しかし、そういうのはやめたほうがいい。

人に何かをしてあげるときは、絶対に見返りを期待してはいけない。純粋に相手のために自分のできることをやってあげることである。見返りを期待しない利他行為であるべきだ。そして、何かしてあげたこともさっさと忘れることである。

そうでないと、いつまでも恩を着せるし、いずれ見返りを求めるようになる。相手がそれに応えないと、恩知らずな人間だと、必ず相手を責めたり、恨むようになる。

そんな生き方は、美しくない。

大事なのは、受けた恩をこそ忘れないことである。

だから、かけた情はきれいさっぱり水に流し、受けた恩だけ石に刻むように深く強く心に刻み込む。覚えておく——。

それさえ忘れなければ、人間、そうそう間違った生き方をすることはない。

あとがき

本書は二〇一二年に刊行された『リーダーにとって大切なことは、すべて課長時代に学べる』の文庫版である。単行本の刊行時に本文で十分に触れることのできなかった「打倒ゼロックス」にまつわる逸話を補記して文庫版のあとがきとしたい。

私がキヤノンに入社したのは一九六七年春で、当時キヤノンは多角化戦略の柱として複写機の開発に社運を賭けていた。キヤノンが独自の複写方式である「NP(New Process)方式」の原理を発表したのは翌六八年春、このNP方式による最初の複写機NP-1100を発売したのはそれから二年半後の七〇年秋だった。

私は入社後、家庭用VTRの開発チームに配属され、放送局用に開発された4ヘッドのVTRを、オープンリール式の家庭用VTRにするための基礎研究に従事した。稼ぎ頭のカメラや社の命運を担う複写機とは違い傍流だったが、夢のある新規事業で仕事は楽しかった。

残念ながらものにはならなかったが、そこで培われた技術や経験は、後のデジタルカメラなどの研究開発につながった。挑戦はたとえ失敗に終わってもすべてが無に帰すわけではない。必ず得るものがある。次なる飛躍のための種を残す。

技術の進歩は挑戦と失敗の歴史なのだとあらためて思う。

キヤノンがNP-1100で複写機市場に参入して間もなく、私は家庭用VTRの開発チームから複写機の開発部門に迎えられた。

当時、会社が掲げていたキャッチフレーズは「売れる複写機を作ろう」だった。複写機市場には米国の巨人ゼロックスが絶対王者として君臨していた。キヤノンはその巨人に低コスト高画質の「売れる複写機」で戦いを挑もうとしていた。キャッチフレーズはその目標を端的に表現したものだったが、私にはどうもしっくりこなかった。王者ゼロックスを倒さない限り、ほんとうの意味で「売れる複写機」は作れないと思ったからだ。

そこで私は課長に昇進すると、「打倒ゼロックス」を課の目標として掲げた。

これはたちまち社内に波紋を呼んだ。

「キヤノンとゼロックスにどれほど差があるかわかって言っているのか」

社内のあちこちから嘲笑され、批判にさらされた。無理もない。相手は巨人ゼロックスである。まさに巨象に挑む蟻だった。

私は当時、三〇歳そこそこで職制上は課長だったが、部長扱いで複写機の開発プロジェクトを率いていた。本文で記したように一つ先のポジションにいる人を「追いつき追い越せ」でベンチマークした結果だった。とはいえ課長の分際で、会社の目標（＝売れる複写機）よりはるかに大きな目標（＝打倒ゼロックス）を掲げたことへの風当たりは強かった。

「勝てるわけないだろう。ゼロックスの次でいいんだ。もっと謙虚にやれ」

そんな批判が矢のように降り注いだ。私はそのたびに反論した。

「言いたいことはわかります。でも、それでは面白くないでしょう。夢がないじゃないですか」

リーダーにとって最も大事な仕事の一つは、社員をやる気にさせることだ。社員をその気にさせ、ベクトルを一つにすることで組織の力を最大限引き出す。それこそがリーダーの務めである。それには社員の心を揺さぶるような夢が必要になる。夢があれば仕事が楽しくなる。組織の士気も上がり、自然といい仕事ができるようになる。夢は人も会社も育てるのだ。

だからあえて「打倒ゼロックス」という壮大な夢を掲げたのである。

そしてその夢をかなえるための具体的な方策として、巨象のアキレス腱に食らいつき、打ち倒すための精緻な特許戦略を展開した。その結果、難攻不落と思われたゼロックスの牙城が崩れ始めると、それまで嘲笑と批判の対象だった「打倒ゼロックス」は、いつしか複写機部門の合言葉になり、会社としての目標になった。本文で複写機事業の責任者だった山路さんが「打倒ゼロックス」宣言をしたと書いたが、実は、そもそもの言い出しっぺは課長の私だった。

「打倒ゼロックス」は、いまでは戦後日本の産業界における経営戦略の成功例の一つとされるが、当初、それが実現可能と思っていた人間はおそらく誰もいなかっただろう。その夢がかない、やがてキヤノンは日本を代表するエクセレントカンパニーの一つに数えられるようになるが、いま振り返ってみてもゼロックスを倒すという大きな夢に向かって部下や仲間と汗を流した課長時代は、間違いなく心躍る最高に楽しい日々だった。

私はその後も異動や昇進のたびに大きな夢を掲げ、部下や組織を鼓舞し続けた。たとえばキヤノンの売上が三〇〇〇億円くらいになったときは、「二〇年後には一〇兆円企業になろう」と提案した。このときも嘲笑された。現実には、それから四半世紀後の二〇〇〇年代半ば、キヤノンの売上高は四兆円を超えた。もし一〇兆円を目標にしなかったら、半分の二兆円も達成できなかったかもしれないと思う。

もしあなたがリーダーを目指すのであれば、会社の目標を自部門でやるべき目標にブレイクダウンして（落とし込んで）掲げる際に、次の二点を心がけるといい。

一つは、「会社のために自分はここで何をすべきか」という視点を持つこと、もう一つは、「会社を背負う気概」を持つことだ。私が「打倒ゼロックス」を掲げたのも、課長である自分がそれくらいの気概と大きな夢を持たなければ、部下はついて来ないし、「売れる複写機」という会社の目標も達成できるはずがないと思ったからだ。何より夢がなければ、仕事がつまらない。

私は複写機の後、パソコンやソフトウエアなどの開発、さらには生産本部の責任者も務めたが、やることはいつも一緒で、常に会社を背負う気概を持って、「自分はここで何をすべきか」を考え、それを実現するための夢と目標を掲げ、仕事を楽しむようにしてきた。

それはキヤノン電子の社長を拝命してからも全く同じである。弊社はいま、「宇宙へ」を合言葉に宇宙ビジネス（人工衛星とロケットの開発、打ち上げ等）への参入をはかっている。それは常に夢と目標を掲げ、仕事を楽しんできた仕事人としての私の集大成でもある。

みなさんもどうか夢と目標を掲げ、仕事を楽しんでほしい。本書がその一つのきっかけになってくれるなら、著者としてこれほど嬉しいことはない。

キヤノン電子社長　酒巻　久

二〇二〇年四月

リーダーにとって大切《たいせつ》なことは、すべて課長時代《かちょうじだい》に学《まな》べる 朝日文庫
はじめて部下《ぶか》を持《も》った君《きみ》に贈《おく》る62の言葉《ことば》

2020年4月30日　第1刷発行

著　者　酒巻《さかまき》　久《ひさし》

発行者　三宮博信
発行所　朝日新聞出版
〒104-8011　東京都中央区築地5-3-2
電話　03-5541-8832（編集）
03-5540-7793（販売）
印刷製本　大日本印刷株式会社

Published in Japan by Asahi Shimbun Publications Inc.
定価はカバーに表示してあります

ISBN978-4-02-262007-1